杨 凤——编著

零基础学出纳业务

图解
·案例版·

中国铁道出版社有限公司
CHINA RAILWAY PUBLISHING HOUSE CO., LTD.

内 容 简 介

　　本书是一本专门讲解出纳实务的工具书，全书共10章，前面9章对出纳业务的凭证填制、账簿登记、表格制作等进行了详细的解析，也在其中穿插了相关的案例，以便读者对出纳业务进行详细了解和掌握。第10章是一套流程完整的出纳账务处理，让读者在日常工作中能够找到工作的重心，将出纳工作做得井井有条。

　　本书内容全面、案例丰富、讲解详细，非常适合出纳人员以及从事相关财务工作的人员使用，同时也适合对出纳工作有意向或感兴趣的人员为以后从事财务工作打下基础。

图书在版编目（CIP）数据

零基础学出纳业务 ：图解案例版/杨凤编著.—北京：

中国铁道出版社有限公司，2020.6

　ISBN 978-7-113-26703-2

Ⅰ.①零… Ⅱ.①杨… Ⅲ.①出纳－图解 Ⅳ.

①F231.7-64

　中国版本图书馆CIP数据核字（2020）第037303号

书　　名：**零基础学出纳业务**（图解案例版）
　　　　　LINGJICHU XUE CHUNA YEWU (TUJIE ANLIBAN)
作　　者：杨　凤

责任编辑：王　佩　　　　　　　读者热线电话：（010）63560056
责任印制：赵星辰　　　　　　　封面设计：宿　萌

出版发行：中国铁道出版社有限公司（100054，北京市西城区右安门西街8号）
印　　刷：三河市兴达印务有限公司
版　　次：2020年6月第1版　　2020年6月第1次印刷
开　　本：700mm×1000mm　1/16　印张：17　字数：244千
书　　号：ISBN 978-7-113-26703-2
定　　价：55.00元

前　言

在财务工作中，出纳工作是相对简便易操作的，但同时也是很容易被轻视和忽略的。企业相关人员认为出纳工作只是负责收付款项，然而在实际工作中，出纳工作涉及的范围非常广泛，包括会计和税务等各方面的知识。出纳的许多业务和会计业务也是相互联系的。

出纳工作一般是"管钱"，包括向银行存取款、向客户收付款以及报销员工费用等。所以，出纳不仅需要专业知识的储备，还需要严格按照法规办理业务，也就是出纳必须具备良好的职业道德和修养，在金钱的诱惑下严于律己、遵纪守法。

虽然出纳工作范围广泛，但只要肯下功夫，也可以在短时间内上手，比如出纳的点钞技能、数字小键盘的操作技能和银行票据的操作技能等基本技能。对于刚毕业的大学生和准备转行做与财会相关工作的人来说，出纳是个不错的选择。

那么在工作中，出纳需要处理哪些票据呢？对于银行、工商及税务业务应该做哪些准备呢？

为了帮助广大出纳从业者及相关财务工作者做好出纳工作，进而为财会工作提供真实有效的经济数据，我们编写了本书，旨在让读者快速地学习出纳知识，并在工作中得心应手。

主要内容

本书共10章内容，主要从基础必备、具体业务和综合案例这3个方面全方位地对出纳各项工作进行了详细讲解，并在章节中穿插实例进行分析说明。具体内容安排如下表所示。

部分	内容
基础必备 （第1～2章）	这部分内容描述了在出纳工作中应具备的素养和基本技能、出纳工作的要求以及应遵守的法律法规
具体业务 （第3～9章）	这部分是本书的重点内容，该部分对出纳业务做了理论讲解和案例分析，通过详细的解析将出纳工作中遇到的实际问题呈现在读者的眼前

续上表

部分	内容
综合案例 （第10章）	这部分内容通过模拟的"叶桧公司"在2019年12月的账务处理为例，详细系统地介绍了出纳工作中涉及的账务处理及税务的申报

内容特点

本书注重内容的全面性、易读性和易理解性，具体特点如下图所示。

知识全面 ｜ 系统全面地将出纳工作中会遇到的处理方式进行了讲解，对每一个重点和难点做了详解。

图解分析 ｜ 每一章都有图解内容，将知识点用图形或是表格的形式呈现出来，可以形成对比，同时更便于阅读与理解。

案例解析 ｜ 全书贯穿各方面的实账处理，使知识点清晰明了，贴合实际工作。最后一章以一套完整的账务处理描述了叶桧公司2019年12月的业务，可以从基本技能、账务实操和工商税务实操等方面全方位地了解出纳实务。

读者对象

本书内容通俗易懂，在讲解顺序的安排上循序渐进，而且实例分析多，特别适合初涉出纳工作的职场新人快速入门，掌握出纳业务的处理方式，理清出纳工作的重心，提高工作效率。对于有一定工作经验的出纳人员补充知识储备也有一定的作用。此外，本书也非常适合作为高校、相关培训机构或企业内训的教材使用。

编　者

2020年1月

目 录

第1章

出纳新手如何快速入门

出纳属于财会工作者，负责对财务信息进行收集和初步整理，为会计工作奠定基础，也是会计工作的重要角色和不可或缺的组成部分。那么，如何快速了解出纳工作的各个方面呢？本章将讲解有关入门知识。

1.1 出纳到底做些什么

出纳，顾名思义，出即支出，纳即收入。出纳这一财务名词运用在不同场合有着不同含义，它可以指一项名为"出纳"的工作内容，也可以指一位从事出纳工作的人员。

1.1.1 出纳的职能和特点

出纳是按照有关规定和制度办理本单位的现金收付、银行结算及有关账务，保管库存现金、有价证券、财务印章及有关票据等工作的总称。

从广义上讲，只要是票据、货币资金和有价证券的收付、保管及核算，就都属于出纳工作范围。它既包括各单位财务部门出纳岗位的各项票据、货币资金、有价证券收付业务处理，票据、货币资金、有价证券的整理和保管，以及货币资金和有价证券的核算等各项工作；也包括各单位其他职能部门的货币资金收付、保管等工作。狭义的出纳则仅指各单位财务部门专设出纳岗位或人员所负责的各项工作。

（1）出纳的职能

出纳工作是财务工作的重要环节，主要涉及货币资金核算、往来结算和工资结算，其包含的内容并不复杂。具体地讲，出纳工作是管理货币资金、票据和有价证券等进出的一项工作，其职能可概括为收付职能、反映职能、监督职能和管理职能，各职能的具体内容如表1-1所示。

表1-1

职能	内容
收付职能	是出纳最基本的职能。企业经营活动少不了货物价款的收付，也少不了各种有价证券以及金融业务往来的办理。这些业务往来涉及的现金、票据和金融证券的收付和办理，以及银行存款收付业务的办理，都必须经过出纳人员之手
反映职能	出纳要利用统一的货币计量单位，通过其特殊的现金与银行存款日记账、有价证券的各种明细分类账，对本单位的货币资金和有价证券进行详细的记录、核算与反映，以便为经济管理和投资决策提供所需的完整、系统的经济信息。因此，反映职能是出纳工作的主要职能之一
监督职能	出纳要对企业的各项经济业务，特别是货币资金收付业务的合法性、合理性和有效性进行全过程的监督
管理职能	出纳还有一个重要的职能是对货币资金、有价证券、银行存款和各种票据进行管理，对企业资金使用效益进行分析研究，为企业投资决策提供金融信息，甚至直接参与企业的方案评估、投资效益预测分析等

（2）出纳的特点

以上介绍的是出纳的职能，那么出纳作为财务工作的一部分，它有哪些特点呢？具体如表1-2所示。

表1-2

特点	内容
社会性	出纳工作担负着一个企业货币资金收付、存取的任务，而这些任务的完成是置身于整个社会经济活动的大环境中的，是和整个社会的经济运转相联系的。只要企业发生经济活动，就必然要求出纳人员与整个社会经济发生联系。例如出纳人员要了解国家有关财会政策法规并参加这方面的学习和培训，出纳人员要经常和银行打交道等。因此，出纳工作具有广泛的社会性
专业性	出纳工作有着专门的操作技术和工作规则。凭证如何填、日记账怎样记都很有学问，就连保险柜的使用与管理也是很讲究的。因此，要做好出纳工作，一方面要求出纳人员经过一定的职业教育，另一方面也需要出纳人员在实践中不断积累经验，掌握工作要领，熟练使用现代化办公工具，做一个合格的出纳人员

续上表

特点	内容
政策性	出纳工作是一项政策性很强的工作，其工作的每一个环节都必须依照国家规定进行。例如，办理现金收付业务要按照国家现金管理规定进行，办理银行结算业务要根据国家银行结算办法进行。《会计法》和《会计基础工作规范》等法规都把出纳工作并入会计工作中，并对出纳工作提出具体规定和要求。如果出纳人员不掌握这些政策法规，就做不好出纳工作；如果不按这些政策法规办事，就可能违反财经纪律
时间性	出纳工作具有很强的时间性，比如何时发放职工工资，何时核对银行对账单等，都有严格的时间要求，通常不能延误。因此，出纳员心里应有一个时间表，及时办理各项工作，保证出纳工作质量

1.1.2 出纳和会计的关系

会计和出纳都属于财务工作，它们之间的关系非常紧密，但是它们又是不同的岗位，因此它们之间也是有区别的，如图1-1所示。

出纳

出纳管钱，主要负责现金收付、登记现金日记账和银行存款日记账。一般就是去银行存钱、取钱，给党政机关和企事业单位员工报销费用等。

会计

会计管账，记账和编报表，并用账来监督出纳。会计工作岗位一般包括会计机构负责人或者会计主管人员、出纳、财产物资核算、工资核算、成本费用核算、财务成果核算、资金核算、往来结算、总账报表、稽核和档案管理等。

财务

财务是在一定的整体目标下，关于资产的购置、投资、融资和管理的决策体系。财务管理具有开放性、动态性和综合性的特点，要求相关工作人员不仅要有会计方面的专业技能，更需要有一定的管理能力和决策能力，面对瞬息万变的市场态势，要有敏锐的洞察力和准确的判断力，善于抓住机遇，在激烈的市场竞争中掌握主动权。

图1-1 出纳和会计、财务的区别

会计岗位从账簿类型的角度可分为总账会计、明细账会计和出纳。3个岗位之间既有联系又有区别，大家有各自的分工，协作完成财会工作。它们之间的联系如表1-3所示。

表1-3

联系	内容
分工协作	出纳人员只负责实物钱财的管理，同时登记现金日记账和银行存款日记账，要向总账会计和明细账会计提供所需的会计资料；总账会计和明细账会计负责管理账目，同时要监督出纳人员的工作
相互依赖相互牵制	出纳、明细账会计、总账会计之间有很强的依赖性，它们都以原始凭证和记账凭证为依据进行核算，且在各自的工作中要互相利用其他岗位的核算资料，同时还要按序传递这些凭证，相互依赖着完成最终的会计任务。由于出纳负责的现金和银行存款日记账与总账会计负责的现金和银行存款总分类账，总分类账与其所属的明细分类账，以及有价证券明细账和出纳负责的有价证券保管账等之间都存在金额上的一致性，因此，三者之间又相互牵制，只有三者核对一致，才能说明整个会计工作基本没有问题，否则，只要有一个岗位负责的账务有错，就可能导致其他两个岗位的账务出错
相互核对	出纳核算是一种特殊的明细核算，即库存现金和银行存款的明细核算。因此，现金日记账和银行存款日记账均属于明细账，每月要与现金和银行存款总账进行核对，查看两者的金额是否一致。另外，现金日记账要每天结出余额，并与库存数进行核对；银行存款日记账也要在月内多次结出余额，与开户银行的对账单进行核对；月末都必须按规定结账
岗位联系	出纳工作不仅管钱，还要填制收付款凭证，而收付款凭证属于记账凭证，从理论上来说，填制记账凭证是会计要做的事，因此可看出，出纳也负责部分会计岗位的工作。除此之外，出纳负责保管的现金、有价证券等，都分别对应着总账会计和明细分类账会计负责的现金总账、应收应付票据总账和明细账，当会计要核对账目时，出纳人员就需要积极配合，打开保险柜，将现金和有价证券实有数与总账会计和明细账会计负责的账簿进行核对，查看是否相符，据此对出纳负责保管和核算的库存现金、银行存款及有价证券进行控制监督。相应地，无论是总账会计还是明细账会计，也可通过出纳负责的账目检查自身的账目是否存在问题。总的来说，出纳、总账会计、明细账会计是不可分割的岗位

关于出纳与会计之间的区别，除了"出纳管钱，会计管账"这一条外，还有就是是否直接参与经济活动。企业的货物购销有两个必经环节，即货物移交和货款结算，其中货款结算是需要出纳来完成收付的，且过程中涉及有价证券和其他金融业务的，也要"仰仗"出纳完成，这么看来，出纳工作直接参与到了经济活动中；但是，会计工作一般就只负责记账、编制报表，只对经济业务进行反映和监督，不会直接参与到经济活动中。

1.1.3 出纳工作的内容和流程

了解了出纳工作的特点和职能后，下面了解一下出纳工作的主要内容、基本流程和具体细节。

（1）出纳工作的内容

从事出纳工作到底是做些什么呢？它有哪些具体内容呢？以下详细介绍了出纳工作3个方面的内容，如表1-4所示。

表1-4

工作内容	具体描述
货币资金核算	1.办理现金收付，严格按规定收付款项； 2.办理银行结算，规范使用支票，严格控制签发空白支票； 3.根据已经办理完毕的收付款凭证，逐笔顺序登记现金日记账和银行存款日记账，并结出余额，保证日清月结； 4.对于现金和各种有价证券，要确保其安全和完整无缺，保管好库存现金和有价证券； 5.保管有关印章，登记注销支票； 6.复核收入凭证，办理销售结算； 7.保管保险柜钥匙和密码等
往来结算	1.办理往来结算，建立清算制度； 2.核算其他往来款项，防止坏账损失

续上表

工作内容	具体描述
工资结算	1.执行工资计划，监督工资使用情况； 2.审核工资单据，发放工资奖金； 3.按照工资总额的组成和工资的领取对象进行工资明细核算。根据管理部门的要求编制有关工资总额报表，提供工资数据

（2）出纳工作的基本程序

账务处理程序也称会计核算组织程序，它是指会计数据的记录、归类、汇总和呈报的步骤与方法，或者说是从原始凭证的整理、汇总，然后到记账凭证的填制、汇总，再到日记账、明细分类账和总分类账的登记，最后到会计报表编制的步骤和方法。科学地组织账务处理程序，可提高会计核算质量和会计工作效率，充分发挥会计的职能。

对于出纳人员来说，出纳业务的处理步骤和方法与会计处理程序基本相同。目前我国企业、事业和机关单位会计的常用账务处理程序主要有3种，分别是记账凭证账务处理程序、汇总记账凭证账务处理程序和科目汇总表账务处理程序。各种账务处理程序的主要区别在于对汇总凭证、登记总分类账的依据和办法的要求不同。

（3）出纳工作的具体细节

出纳工作的具体细节包括方方面面，掌握了该工作的细节，就可以胜任出纳工作了。具体工作细节如下所示。

◆ 办理银行存款和现金领取。

◆ 负责支票、汇票、发票和收据等的管理。

◆ 做银行账和现金账，并负责保管财务专用章。

◆ 负责报销差旅费的工作。

◆ 负责员工工资的发放。

以上是出纳工作的提纲性工作细节，在大的提纲中又包括详细的内容，如表1-5所示。

表1-5

工作细节		内容
报销差旅费的工作		员工先向公司借支差旅费的，出纳人员要协助其填写借款单，然后交领导审批签字，再交财务部门审核，待确认无误后，向员工放款
		员工先垫付，在出差回公司后报销差旅费的，出纳人员要监督员工据实填写差旅费报销单，并收集整理员工上交的各种原始单据，然后将报销单交领导审批签字，再交财务部门审核，确认后予以报销
员工工资的发放	现金收付	1.从银行提取现金用于发放员工工资，以及将现金发给员工时，出纳人员要注意鉴别票面的真伪，同时当面清点金额。对于收到的假币要予以没收，并报相关领导；
		2.现金一旦付清，就要在相应的凭证上加盖"现金付讫"字样，尽量避免多付或少付；
		3.无论库存现金是否低于限额，企业出纳人员每日收到的现金都必须在当天送存银行，不得坐支现金。如果库存现金低于限额，应另外从银行提取进行补充；
		4.每日都要对库存现金进行盘点，做到账实相符，同时编制结报单来检查账目是否有问题，防止现金溢余或短缺；
		5.严格按照现金收付的相关规定办理业务，原则上不办理大额现金收付业务，而应采用转账或汇兑的方式结算，特殊情况下确实需要办理大额现金收付的，需经相关领导审批同意后才可办理；
		6.员工外出申请借款的，无论金额多少，出纳人员都应将员工填写的借款单报经相关领导签字，批准后才可办理借款。若无批准就借款，引起纠纷的，出纳人员要负责
	银行账处理	1.根据不同的银行登记银行日记账并做好明细核算；
		2.每日结计出银行存款的账面余额，同时核算各明细账的余额，并填制结报单，为公司领导和会计人员提供资金运作情况资料；
		3.保管好各种空白支票，不得随意乱放；
		4.保管好公司的财务专用章和其他一些印鉴章
报销审核		1.出纳人员要保证所有单据上要有经办人甚至证明人的签名或盖章，若没有，应负责处理补签问题

续上表

工作细节	内容
报销审核	2.出纳人员要检查原始单据是否有涂改迹象，若有，应问明原因或不予报销； 3.检查正规发票与收据是否混在一起粘贴，若是，应将收据分拣出来，不予报销，只粘贴印有财政监制章的财政票据； 4.检查相关单据和凭证上的大小写金额是否相等，若不等，需重新填制或要求重新开具； 5.出纳人员要认真审核报销单上的资金用途，若不合理，应拒绝报销。对于有特殊资金用途的，应报经上级领导审批

1.2 了解岗位，做好出纳工作

出纳办理现金业务时，要严格按照国家有关现金管理制度的规定，经过会计审核、财务经理签批后，方可办理款项收支，并且牢记：单笔1 000元以下的零星支出才可使用现金方式支付。

1.2.1 出纳的职责

出纳工作涉及的是现金收付、银行结算等活动，而这些又直接关系到职工个人、单位乃至国家的经济利益。若工作上出了差错，就可能造成不可挽回的损失。

因此，明确出纳人员的职责和权限，是做好出纳工作的前提条件。根据有关法律法规的规定和日常工作经验，出纳人员的具体职责如表1-6所示。

表1-6

职责	具体内容
现金收付和银行结算	1.款项收齐或付清时要加盖"收讫"或"付讫"戳记。日常周转金不得超过单位3～5天的日常零星开支，如有超出，需缴存银行。不允许坐支收到的现金及支票。不得以"白条"抵充现金，更不得任意挪用现金。如果发现库存现金有短缺或溢余，应查明原因，根据情况分别处理，不得私下补足或取走。如有短缺，要负赔偿责任。要保守保险柜密码的秘密，保管好钥匙，不得任意转交他人； 2.严格按照银行结算制度的规定办理银行结算业务，超过2 000元的支付用支票或电汇方式支付。收到支票需填写支票进账单并送存银行，不可延期送票。办理汇款时要正确填写账号，严禁发生汇款错误的事件； 3.签发支票时应注明收款单位、用途、金额和日期，并经财务经理签批后方可使用。如因特殊情况确需签发不填写金额的转账支票时，必须在支票上写明收款单位的名称、款项用途和签发日期，并规定限额和报销期限，由领用支票人在专设登记簿上签章；对于填写错误的支票，必须加盖"作废"戳记，与存根一并保存；严格控制签发空白支票；支票遗失时要立即向银行办理挂失手续； 4.每月定期收取上月末的对账单，核对并编制银行存款余额调节表，交给会计作为调账工具
记账和报表编制	1.认真登记现金和银行存款日记账，保证日清月结。对收到的银行承兑汇票和支票要做好备查账登记； 2.根据已经办理完毕的收付款凭证，逐笔顺序登记现金和银行存款日记账，并结出余额。银行存款的账面余额要及时与银行对账单核对，同时查询未达账项。要随时掌握银行存款余额情况； 3.日记账登记完毕，要将凭证转会计处记账，并在规定时间内填报资金收入及支出的明细表； 4.每日盘点现金及银行存款，做到账证、账账、账表和账物相符。总经理可派人抽查，核对资金情况
其他	1.兼职公司的外汇收付、核销工作； 2.保管有关印章、空白收据和空白支票； 3.学习、了解并掌握财经法规和制度，提高自己的政策运用水平。维护财经纪律，执行相关财会制度，抵制不合法的收支和弄虚作假的行为

1.2.2 出纳人员的要求

如何成为一名合格的出纳人员呢？首先要熟记相关财政、税收政策，其次是要有丰富的业务技能和严谨的工作态度。具体要求如图1-2所示。

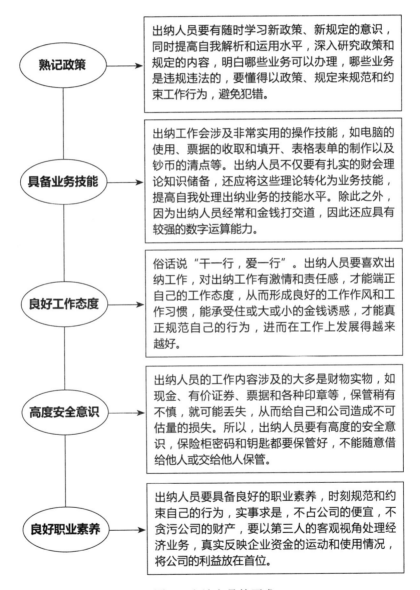

熟记政策　出纳人员要有随时学习新政策、新规定的意识，同时提高自我解析和运用水平，深入研究政策和规定的内容，明白哪些业务可以办理，哪些业务是违规违法的，要懂得以政策、规定来规范和约束工作行为，避免犯错。

具备业务技能　出纳工作会涉及非常实用的操作技能，如电脑的使用、票据的收取和填开、表格表单的制作以及钞币的清点等。出纳人员不仅要有扎实的财会理论知识储备，还应将这些理论转化为业务技能，提高自我处理出纳业务的技能水平。除此之外，因为出纳人员经常和金钱打交道，因此还应具有较强的数字运算能力。

良好工作态度　俗话说"干一行，爱一行"。出纳人员要喜欢出纳工作，对出纳工作有激情和责任感，才能端正自己的工作态度，从而形成良好的工作作风和工作习惯，能承受住或大或小的金钱诱惑，才能真正规范自己的行为，进而在工作上发展得越来越好。

高度安全意识　出纳人员的工作内容涉及的大多是财物实物，如现金、有价证券、票据和各种印章等，保管稍有不慎，就可能丢失，从而给自己和公司造成不可估量的损失。所以，出纳人员要有高度的安全意识，保险柜密码和钥匙都要保管好，不能随意借给他人或交给他人保管。

良好职业素养　出纳人员要具备良好的职业素养，时刻规范和约束自己的行为，实事求是，不占公司的便宜，不贪污公司的财产，要以第三人的客观视角处理经济业务，真实反映企业资金的运动和使用情况，将公司的利益放在首位。

图1-2 出纳人员的要求

1.2.3 出纳人员的权限

不同角色的人有其自身的权限范围，有了这个范围，做事才有规章，才不容易越界，才能更好地完成自己的本职工作。那么，对于财会行业的出纳人员来说，他们的权限有哪些呢？

◆ 抵制弄虚作假行为，维护财经纪律的权力

《会计法》和《会计基础工作规范》等法律法规都对会计人员和出纳人员的行为及工作内容做了详细的规定，这些都是他们行事的标准，是不容被打破的底线。所以出纳人员要严格按照相关的财会制度办理业务，抵制弄虚作假的行为，积极维护财经纪律。

◆ 参与货币资金管理的权力

现金管理制度和银行结算制度的内容明确了出纳人员管理货币资金的权力。也就是说，当出纳人员发现企业的库存现金实有数超过了银行指定的限额时，就有权力自主将超出限额的那部分现金送存银行；或者是在库存现金实有数不足时，有权力决定从银行提取现金来补充库存数。

同时，出纳人员还有权监控企业的资金使用情况，不仅可以制定资金使用计划，还能在合理的情况下控制企业的费用报销情况，对资金用途不明的借款行为，可不予借款，并报经上级领导知晓。

◆ 活用货币资金的权力

要想真正活用货币资金，出纳人员就要清楚货币资金的来龙去脉和周转速度，要根据企业实际的货币资金使用情况向领导提出合理的意见或建议，规范企业货币资金的收付制度。这里会涉及应收、应付、预收和预付等款项的问题。活用货币资金就是要提高货币资金的使用效率，同时保证货币资金不受损失，因此，出纳人员要协助会计人员做好坏账准备的计提和降低坏账损失的工作，避免应收的款项收不回、预付的款项得不到货物或服务的情况发生。除此之外，还要负责各种票据的活用。

1.3 出纳人员的基本素质

任何职业，其从业人员都要具备基本的职业素质，出纳人员也不例外。其最基本的就是要遵守相关法律法规，不做违法乱纪的事；其次才是做好本职工作，充分发挥出纳人员控制货币资金的作用。

1.3.1 良好的政策法规解读能力

出纳人员具备良好的政策法规解读能力，是其能够严格遵守法律法规的保障。只有精准地理解了政策法规的内容，才能明白法律法规对出纳人员的行事规范是怎样的，出纳人员才能更好地判断自己的行为是否遵守了法律法规。那么，如何才能培养自己的政策法规解读能力呢？可以从以下3方面入手。

◆ 积极参加财政、税务和工商等行政管理部门组织的各种政策研讨会，通过听讲师授课，学习他们解读政策法规的方法、角度以及侧重点。

◆ 利用工作上的闲暇时间，将出纳工作会涉及的政策、法律法规和相关学习文件等挑选出来，认真研读，逐字逐句理解其包含的意思。时间久了，解读能力自然就会提升。

◆ 遇到工作上的疑难问题时，要迎难而上，直至问题解决，不要把问题丢在一边，以为能蒙混过关。当凭借自己的努力还是无法攻克难题时，应积极主动寻求帮助，与他人展开关于政策内容的讨论，从中学会新的看待问题的视角。

1.3.2 良好的安全意识

财会工作处处充满风险，包括出纳人员在内的所有财会人员都应时刻保持警惕，要有高度的安全意识，积极防范风险的发生并做好风险发生后的应对措施。下面就来看看出纳平时会遇到的风险和应对方法，如表1-7所示。

表1-7

工作内容及现状	风险	对策
很多企业不重视费用报销制度的管理，再加上一些领导将自家亲戚朋友安排进企业，使得关系网复杂。而在处理费用报销时，出纳人员碍于领导权威，不得不特殊对待这些亲朋好友，致使报销制度形同虚设	相关报销凭证没有责任人或审批人签字，影响原始凭证的真实性，容易促使经济犯罪的发生，同时损害公司的利益	积极完善企业的费用报销制度，出纳人员和公司领导要时刻监督员工遵照执行，不仅要从资金用途这一源头出发控制资金的流出情况，还要从原始凭证的获取是否合法，业务是否合理且真实等方面掌握并控制资金的使用情况
出纳人员不重视保险柜的管理，开柜时不回避他人的视线，甚至因为记不住密码而将其记录在其他人看得见的地方，或者将保险柜钥匙随意转交他人使用或保管，有些企业甚至不指定专人负责保管货币资金	容易泄露保险柜密码，让不法分子有机可乘，导致企业财物被盗，造成不必要的经济损失	出纳人员要提高安全意识，尽量选择没有其他人的时候开柜，无法避开他人时，要尽可能用手遮掩输入开柜密码。有些保险柜密码属于调试型，注意关闭柜门后要将密码锁的位置进行调整，隐藏指针位置。勤换密码，随身携带保险柜钥匙
工作上的相关经办人和领导人对出纳交接工作不重视，交接双方没有认真清点相关现金、票据、有价证券的实有数就办理了交接工作，交接记录也不清楚，甚至有些交接工作没有面对面进行	容易造成工作衔接不及时，影响工作效率；严重的可能导致财物丢失而责任人不明	出纳人员要面对面办理交接工作，一般至少需要一名监交员在场；然后当面清点保险柜中的实物，与相关账目核对，若账面余额与实有数不符，应及时查找原因，明确责任人，并做好记录，交接完毕后交接双方在交接记录上签字，交接记录也要作为会计档案进行保管
出纳人员和相关领导不重视对账工作，只管金额是否一致，不管金额大小是否合理，致使对账工作就是走形式，没有实质性作用，尤其是与往来单位对账，因为麻烦而经常被忽略	会计差错隐藏在账目中不易被查出，容易给挪用或贪污公款等违法行为提供契机，损害公司利益	出纳人员要积极与会计人员和公司开户银行进行账实核对，保证现金日记账、银行存款日记账与其对应的现金库存实有数和银行对账单核对相符。为了避免漏查，出纳人员应在每笔账目核对后做好标记

续上表

工作内容及现状	风险	对策
出纳人员鉴别钞币真假的能力不足，无法完全识别真假币，误收假币的情况时有发生	直接造成企业的经济损失，同时易使交易双方产生隔阂	企业可为出纳人员配置专业的验钞机，而出纳人员要掌握验钞机的使用方法，同时规定出纳人员误收假钞的赔偿条款，促使其增强自身的责任心

1.4 出纳工作怎么交接

为了规避出纳工作中可能存在的风险，企业和出纳人员都要重视出纳工作的交接问题。从企业的角度，要制定规范、严谨的交接制度；从出纳人员的角度，要严格按照交接制度的规定办事。

通常，企业制定有工作交接制度的，出纳人员都需要按照交接制度规定的交接流程办理出纳工作的交接。而这一流程一般分为如下3个阶段。

【第一阶段：出纳交接前的准备工作】

出纳人员在进行工作交接之前，需要做好如下4个方面的工作。

◆ 确保受理的经济业务没有待处理状态，均是已处理完毕的。

◆ 检查是否还有账目没有登记，若有，则正常登账，该结出余额的结出余额，并在最后一次结计出的余额处加盖相关负责人的签章。

◆ 做好对账工作，包括现金和银行存款日记账与现金和银行存款总账的核对相符，现金日记账余额与库存现金实有数核对相符，以及银行存款日记账余额与银行对账单余额核对相符。

◆ 将所有需要移交的会计资料、现金、凭证、票据和印章等整理出来，逐一罗列在移交清册中，同时将未了事项和遗留问题等写进相关的记录文件中，以备查询。若企业实行会计电算化，交接人员还应在移交清册中注明财务软件名称和数据磁盘等信息。另外，还要将移交工作发生的时间记录在案。

【第二阶段：执行出纳工作的交接】

出纳人员在正式离职前，必须将自己经手的工作内容和相关会计资料在规定的时间内全部移交给接收人（下一位出纳人员），包括电脑中的有关数据资料。出纳交接工作的前期准备一般由即将离职的出纳人员进行，而交接过程中，很多工作需要接收人处理，如以下一些事务。

◆ 要根据出纳移交人员移交的现金日记账、有价证券备查簿等的余额记录以及相关印鉴枚数，实地点收保险柜中的库存现金、有价证券和印鉴的实有数，看账实是否一致。若不一致，要查明原因，检查是否存在"白条抵库"的现象。

◆ 要及时打印银行对账单，并与出纳移交人员移交的银行存款日记账进行核对，看两者是否一致。若不一致，再检查是否存在未达账项；若考虑了未达账项后两者还是不一致，就要查明原因，找出责任人，给出处理措施后才能办理接收手续。

◆ 检查出纳移交人员移交的会计资料是否完整齐备，若有缺陷，应查明原因，并在已交清册中注明相关负责人。

【第三阶段：交接后的收尾工作】

当出纳工作的交接双方完成交接工作后，需要双方和监交人在移交清册上签名或盖章，同时还要注明企业的名称、交接日期、各方当事人的姓名和职务、移交清册的页数以及需要特别说明的其他问题和待处理事项等。移交清册一般一式三份，交接双方各执一份，公司存档一份。另外，出纳工作的接收人要注意，对于没有使用完的账簿要继续使用，不得另立，保证账目登记的连贯性；但若接收的账簿刚好用完，可按照正常流程启用新的账簿，并办理相关手续。

第2章

出纳基本技能学起来

作为一名合格的出纳人员，其最基本的前提就是要掌握出纳的基本技能，如文字和数字的书写规则、如何识别假钞、如何点钞、保险柜如何管理等。在本章中将详细介绍出纳人员要掌握的基本技能到底有哪些。

2.1 牢记文字和数字的书写规则

出纳工作也会涉及记账，无论是文字还是数字，记账错误都可能使企业蒙受不必要的损失。要想规避这样的错误，出纳人员就必须牢记文字和数字的书写规则，做到账目清晰可辨、真实准确。

2.1.1 文字的书写规则

在企业的日常业务中，出纳人员或多或少都会涉及收据或其他一些原始凭证的开具，其中难免会书写文字信息。为了避免因文字书写不规范造成的经济纠纷，出纳人员一定要牢记如表2-1所示的一些书写规范。

表2-1

规范	内容
笔画要清晰	汉字的字体种类很多，而出纳工作中金额数字应用正楷或行书填写。为了保证文字的清晰可辨，书写时笔画之间一定要有距离，不要按照自己的书写习惯而简写或直接写成草书，这样记的账不清楚，时间久了，出纳人员可能也不知道自己写的是什么，给后续的查账工作增加了难度，也为错账、暗账提供了"温床"，不利于企业进行财务管理
字迹要工整	虽然笔画之间要有一定距离，但并不代表笔画之间只能机械地组合在一起，而应使笔画之间的连贯性更自然，该轻写的地方要轻写，该重写的地方要重写。下笔之前要想好，尽量避免涂改文字。 另外，左右结构的字，要注意"胖""瘦"的运用，即该"左胖右瘦"还是该"左瘦右胖"，或是左右均等，尽量做到结构匀称。上下结构的字，要注意宽、窄的运用，即该"上宽下窄"还是该"上窄下宽"，或是上下均等，也要尽量做到结构平衡

规范	内容
位置要合适	出纳人员在填写相关凭证、登记有关账簿以及制作某些表格时，一定要注意文字的书写位置，给查账过后需要更改错账的会计记录留下一定的空间，这样可以使原记录和修改过后的记录都清晰可见，便于日后查账。一般来说，文字的书写位置应占当前行高的2/3或1/2为佳，并且要紧靠当前行的底线书写；而对于列宽来说，相应的文字应在其所在列宽范围内书写，不要超出列宽而写到其他列中

2.1.2 数字的书写规则

对于包括出纳人员在内的会计人员来说，工作中更多涉及的是金额数据的书写，包括阿拉伯数字和汉字数字。一旦这些数字书写不规范，那就有可能涉及大规模的数据修改，会非常麻烦。

比如阿拉伯数字，其书写非常简单，是简化的数字符号。实践证明，越简化的事物，越容易被篡改，就像数字"1"，若写得太短小，很容易被他人将其改为任何其他阿拉伯数字；再看汉字数字"一"，很容易被他人改为"二"或"三"，同理，"二"也容易被改为"三"。

因此，在书写阿拉伯数字时，上下、左右以及对角线上的笔画一定要到位，防止被他人恶意篡改；书写汉字数字时，统一使用大写汉字，如"壹""贰""叁"等。总的来说，数字的书写要正确、清楚、流畅。具体书写规则可参考如下内容。

◆ 数字清晰，位置恰当

对于阿拉伯数字来说，1、2、3、6、7、8、9和0这几个数字的书写可一气呵成，少变化；而4和5需要两笔书写完成。下笔前也应考虑清楚，避免书写错误后又要涂改。对于汉字数字来说，统一使用大写汉字，即用壹、贰、叁、肆、伍、陆、柒、捌、玖、拾、佰、仟、万、亿、元、角、分、零、整等对应阿拉伯数字的1、2、3、4、5、6、7、8、9、10、100

等，不能使用一、二、三、四、五、六、七、八、九、十、廿、卅等。

对于数字的书写位置，其要求与文字书写位置相同，也以占行高的2/3或1/2为宜，左右居中对齐。但要注意，阿拉伯数字中的"7"和"9"需要稍微伸出底线，其他阿拉伯数字和汉字数字均应紧贴底线书写。

◆ 字迹要适当倾斜，无需方正

出纳人员在书写数字时，一般不像文字一样要书写方正，通常采用斜书方式，即略微向右侧倾斜60°左右，且同一组数字看起来倾斜角度一致，这样整个页面中的数据看起来更整洁。

在数字的书写工作中，阿拉伯数字的书写又会更多一些。为了更好地帮助出纳人员掌握阿拉伯数字的书写规范，尽力做好账目登记工作，下面来看看如表2-2所示的阿拉伯数字书写的一些基本要求。

表2-2

数字	书写要求
1	"1"不能写得比其他数字短，应与2、3、4、5等数字的高度齐平
2	"2"的转横处不能写得过于圆润，防止被改为"3"
3	"3"的起笔处要与右侧的转弯处保持较长的距离，且转弯处要光滑，否则左右距离过窄或转弯处棱角太分明，都容易使其被改为"5"
4	"4"的左侧转折部分一定要棱角分明，不能太圆滑，且起笔处与落笔处的距离应相对较远，否则易被改为"6"
5	"5"的短横要与起笔的斜线不在同一水平线上，防止被改为"8"
6	"6"起笔要与行的上边线距离1/4，下圈要明显，防止被改为"4"或"8"
7	"7"的横线处要平直，折划不得圆滑，起笔与横线末端、折线处等要有较长距离，使其与"1"和"9"有明显区别
8	"8"在书写时要注意上下两个圆圈应圆滑且清晰可见
9	"9"的圆圈要闭合，不能留空隙，且尾巴要稍长，略超出行的底线，使其与"4"有明显区别

续上表

数字	书写要求
0	"0"要闭合书写，且尽量为竖形的椭圆，防止被改为"9"。另外，连写几个"0"时，不要连笔书写

2.2 熟知有关人民币的基础技能

人民币是我国的通用货币，对于负责现金管理的出纳人员来说，工作中必然会涉及人民币的收付。为了防止收到假币，同时更好地进行货币资金的管理，出纳人员很有必要熟知一些与人民币相关的技能。

2.2.1 了解人民币的特征

出纳人员要想识别人民币的真假，首先要掌握真币的特征。下面以我国目前正在流通使用的第五套人民币纸币为例，看其特征是怎样的。

◆ 人民币以特制的纸张印刷，具体特征如表2-3所示。

表2-3

特征	具体说明
原料贵重比例固定	人民币纸张的原料是棉短绒，比一般的造纸原料贵，且人民币纸张的原料之间有固定的比例，使得纸币质地细腻、挺括平整，而且耐磨耐折。另外，晃动或拉扯纸币时，它会发出清脆的响声
紫外线光照下无荧光反应	人民币纸张的原料非常纯净，没有杂质，也没有添加荧光增白剂，呈现的是自然白色，且在紫外线光照下不会发生荧光反应

续上表

特征	具体说明
黑水印和白水印	第五套人民币的50元和100元的纸币均采用人物头像固定水印，而1元、5元、10元和20元的纸币为花卉固定水印，这些均使用了黑水印技术。另外，第五套人民币中的1999版5元和10元以及2005版100元、50元、20元、10元和5元等均使用的是白水印技术。还有一些纸币的水印周围有特殊排列的圆圈（即欧姆龙环），可防止纸币被复印或打印
安全线	第五套人民币根据版次的不同，其安全线的条数也不同。1999版和2005版都只有一条安全线，其中，1999版的100元和50元是磁性微文字安全线，20元是明暗相间的磁性安全线，10元和5元的是全系磁性开窗安全线；2005版的这些面值的纸币都是全系磁性开窗安全线。而2015版中，100元纸币设计有两条安全线。无论安全线条数是多少，在平视纸币时都看不见这些安全线

◆ 在印制人民币时，油墨的原材料包括颜料、填充料和干燥剂等，它们都是特殊制造的，构成也很复杂，调制方法和功能也很特别。

◆ 人民币的印制都需要先制版，再印刷，在这两个环节中，也充分体现了人民币的固有特征，如表2-4所示。

表2-4

特征	说明
采用雕刻技术制版印刷	第五套人民币正面主景的人物头像均采用手工雕刻凹版的印刷工艺，另外，"中国人民银行"行名、面额数字、盲文面额标记、凹印手感线以及背面主景等也均采用雕刻凹版印刷，有很强的凹凸感
胶印缩微	第五套人民币纸币的安全线位置，很多地方都有胶印缩微文字"RMB100"和"RMB50"等字样，有些胶印缩微文字在纸币正面上方，如100元、50元、10元和5元纸币；有些在纸币正面右下方和背面图案中，如20元纸币
胶印接线印刷和凹印接线印刷	第五套人民币100元纸币的正面左侧的中国传统图案采用胶印接线技术印刷，即每条线均由两种以上的颜色组成。另外，100元纸币背面的面额数字"100"和20元纸币正面左侧的面额数字"20"均采用凹印接线技术印刷，其中的两种墨色很自然地对接完整

续上表

特征	说明
比例尺寸等计算精准	包括硬币在内的人民币，各种图案和花纹的尺寸以及位置都是固定且精准的，且正面和背面的图案及花纹都可以一次性印刷完成

2.2.2 钞票辨别方法及后续处理

前面我们已经学习了真币的一些特征，实际工作中，出纳人员要想辨别真假币，还需掌握一定的方法，并在识别出疑似假币或确定是假币之后，要采取相应的处理措施。

（1）钞票辨别方法

出纳人员鉴别假币的方法中，最直接的是仪器鉴别法，即运用激光点钞机或磁感应鉴别仪等专门的验钞机检验钞币的真伪。使用这种方法鉴别假币的，出纳人员要认真阅读和学习仪器的使用说明书，按规操作。另外，就是人工鉴别法，很多人又将其称为经验鉴别法。这种方法的实施要求出纳人员有较高的专业技能，即通过手摸、眼看和耳听等主观行为判断钞币的真假，所以鉴别效果会受到很多不定因素的影响。如表2-5所示的就是人工鉴别纸币的具体操作。

表2-5

方法	内容
手摸	即用手指触摸纸币，通过感觉来辨别人民币的真伪。若触摸时的手感与触摸普通纸张的感觉不一样，尤其在摸及银行行名、盲文面额标记、国徽以及主景图案时有明显的凹凸感的，可初步判定为真币；相反，若摸起来光滑，则为假币
眼看	用眼睛仔细观察票面颜色、安全线黏合度、阴阳互补对印图案以及各种线条的粗细情况。因为真币的票面水印比较立体，且有层次，所以灰度也较清晰；安全线与纸张的黏合很牢固，且有特殊防伪标记；阴阳互补对印图案的对接精准且无缝隙；各种线条粗细也很均匀
耳听	摇晃或轻弹人民币纸张时用耳朵倾听其发出的声音，是清脆响亮的

下面概括介绍部分版次的部分面值人民币采用的技术，如表2-6所示。

表2-6

面值	辨别方法
1元（1999年版）	雕刻凹版印刷，凹凸手感线；手工雕刻正面人物头像；胶印缩微文字；隐形面额数字；双色横号码；固定花卉水印（兰花水印）；无色荧光油墨印刷图案
5元（2005年版）	雕刻凹版印刷，凹凸手感线；手工雕刻正面人物头像；全息半开窗安全线；胶印缩微文字；隐形面额数字；双色横号码；固定花卉水印（水仙花水印）；白水印（可看到透光性很强的水印"5"字样）；无色荧光油墨印刷图案
10元（2005年版）	雕刻凹版印刷，凹凸手感线；手工雕刻正面人物头像；全息半开窗安全线；胶印缩微文字；隐形面额数字；双色横号码；阴阳互补对印图案；固定花卉水印（月季花水印）；白水印（可看到透光性很强的水印"10"字样）；无色荧光油墨印刷图案
20元（2005年版）	雕刻凹版印刷，凹凸手感线；手工雕刻正面人物头像；全息半开窗安全线；胶印缩微文字；隐形面额数字；双色横号码；阴阳互补对印图案；固定花卉水印（荷花水印）；白水印（可看到透光性很强的水印"20"字样）；无色荧光油墨印刷图案
50元（2005年版）	雕刻凹版印刷，凹凸手感线；手工雕刻正面人物头像；全息半开窗安全线；胶印缩微文字；双色异形横号码；隐形面额数字和光变油墨面额数字（正面左下方数字"50"，与票面垂直角度观察为金色，倾斜一定角度则变成绿色）；阴阳互补对印图案；固定人像水印；白水印（可看到透光性很强的水印"50"字样）；无色荧光油墨印刷图案
100元（2005年版）	雕刻凹版印刷，凹凸手感线；手工雕刻正面人物头像；全息半开窗安全线；胶印缩微文字；隐形面额数字和光变油墨面额数字；双色异形横号码；阴阳互补对印图案；固定人像水印；白水印（可看到透光性很强的水印"100"字样）；无色荧光油墨印刷图案
100元（2015年版）	雕刻凹版印刷；手工雕刻正面人物头像；光变安全线（右侧品红变绿）和全埋磁性安全线；胶印缩微文字；光彩光变油墨数字；横竖双号码；固定人像水印；阴阳互补对印面额数字；无色荧光油墨印刷图案

由上表可知，每一种面值的鉴别内容较相似，个别技术较特殊。下面针对这些技术作详细介绍和解释说明，如表2-7所示。

表2-7

项目	详细内容
雕刻凹版印刷	简称雕刻凹印，指以雕刻方法制作凹印印版的印刷方式。正面人物头像、"中国人民银行"行名、面额数字、盲文面额标记和背面主景图案等都采用雕刻凹版印刷，用手触摸有明显的凹凸感
凹凸手感线	正面主景图案右侧，有一组自上而下规则排列的线纹，采用雕刻凹版印刷，用手触摸时有极强的凹凸感
手工雕刻头像	正面主景人物头像采用手工雕刻凹版印刷工艺，形象逼真，凸凹感强，易于识别
胶印缩微文字	将只能在放大镜下才能看到的极微小的文字印在胶印底纹上。正面图案中多处印有胶印缩微文字
隐形面额数字	指用横线和竖线交叉结合构成的花纹式数字。将钞票置于与眼睛接近平行的位置，面对光源做上下倾斜晃动，可以看到正面右上方的装饰图案
光变油墨面额数字	指票面正面左下角的面额数字在视线与票面垂直时看到的颜色与倾斜一定角度看到的颜色不同。面值不同，颜色就不同
光彩光变油墨数字	垂直观察票面，数字以金色为主；平视观察票面，数字以绿色为主；观察角度改变，数字在金色和绿色之间交替变化。而光变油墨面额数字在观察角度改变时不会交替变化颜色
双色横号码	正面采用双色横号码（2位字母、8位数字）印刷，号码左侧为红色，右侧为黑色
双色异形横号码	正面左下角横号码左侧为红色，右侧为黑色，字符由中间向左右两边逐渐变小
横竖双号码	票面正面左下方采用横号码，其冠字和前两位数字为暗红色，后6位数字为黑色，右侧竖号码为蓝色
固定花卉水印	花卉水印一般采用黑水印，有兰花、水仙花、月季花和荷花之分
固定人像水印	一般采用黑水印，位于票面正面左侧空白处，荧光透视，可见与主景人像相同、立体感很强的人物头像
阴阳互补对印图案	正面左下角和背面右下角均有一圆形局部图案，迎光透视，可看到正背面图案合成一个完整的古钱币图案或数字"100"

项目	详细内容
全息半开窗安全线	也称全系磁性开窗安全线，在票面正面中间偏左，开窗部分可看到缩微人民币符号"¥"，仪器检测有磁性
全埋磁性安全线	采用特殊磁性材料和先进技术，机读性能更好
光变安全线	一般是指光变镂空开窗安全线，它位于票面正面右侧，垂直票面观察，安全线呈红色；与票面成一定角度观察，安全线呈绿色；透光观察，可见安全线中正反交替排列的镂空文字"¥20"和"¥100"等
无色荧光油墨印刷图案	正面银行行名下方胶印底纹处，在特定波长的紫外光下可看到面额数字"20""50"等字样，该图案采用无色荧光油墨印刷，可供机读

（2）疑似假币和确定假币的处理

假币一般分为伪造币和变造币。伪造币是利用各种非法手段重新仿制真币而形成的假币；变造币是以真币为基础，经过挖补、涂改、剪接和揭层等手段加工而成的假币。

◆ 疑似假币的处理

出纳人员在办理经济业务时，若发现疑似假币，在还没有确定是假币之前都不能随意加盖假币戳记，也不能立即没收，而应向持币人说明情况并将疑似假币及时送交假币鉴定机构（一般是中国人民银行当地分支机构或中国人民银行授权的当地鉴定机构）进行鉴定。此时出纳人员要向持币人开具注明面值和疑似假币号码的临时收据。

出纳人员要在收到疑似假币之日起3个工作日内向假币鉴定机构提出书面鉴定申请，在获得机构无偿提供的鉴定货币真伪服务后，会收到鉴定机构出具的由中国人民银行统一印制的《货币真伪鉴定书》，上面加盖了货币鉴定专用章和鉴定人名章。

◆ 确定假币的处理

出纳人员在办理经济业务时，若确定收到的人民币是假币，应向持币人说明情况并立即没收，进而上缴给中国人民银行或办理人民币存取款业务的金融机构，同时配合相关机构追查假币来源，阻止假币继续流通。

2.2.3 损伤人民币的挑选标准及处理

损伤人民币是指票面或币面的完整性被损坏的人民币。损坏的原因包括自然磨损、保管不善和其他原因。纸币的损坏主要体现在破裂、油浸、水湿、霉烂、熏焦、烧毁、污染变色、虫蛀和鼠咬等；硬币的损坏主要体现在严重磨损、残缺和变形等。那么，实际工作中，出纳人员应该怎么确定收到的货币是损伤币，进而将其挑拣出来呢？标准如图2-1所示。

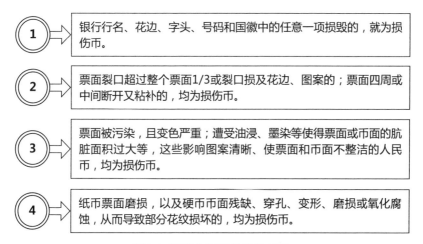

图2-1 损伤人民币的挑选标准

出纳人员根据上述所列的标准挑选出的损伤币，并不是所有的都能全额兑换，不同损伤程度的损伤币，其兑换标准如表2-8所示。

表2-8

兑换标准	人民币损伤程度
全额兑换	只要能辨别真假，且票面完整或残缺不超过整个票面的1/5，同时其余部分的图案、文字能按照原样连接的人民币，无论是否污损、熏焦、水湿、油浸或变色，都可全额兑换

续上表

兑换标准	人民币损伤程度
半额兑换	票面残缺部分占整个票面1/5～1/2范围内，且其余部分的图案、文字能按照原样连接的，可按原面额的半额兑换
不予兑换	有下列情形之一的，都不能兑换损伤币： 1.票面残缺超过整个票面1/2以上的。 2.故意挖补、涂改、剪贴、拼凑或揭去一面的。 3.票面因污损、熏焦、水湿或变色等不能辨别票币真假的

需要注意的是，无论是否可兑换，持币人原来的损伤币都会上缴或由相关机构回收。

2.2.4 点钞姿势、步骤和常用点钞方法

清点钞币是出纳人员的一项基本工作内容，点钞原则直接影响点钞工作的效果，而点钞姿势和点钞步骤直接影响出纳人员的工作强度和点钞速度。为了保证点钞工作顺利且有效进行，同时减轻工作强度，出纳人员很有必要了解点钞的原则，学习并掌握正确的点钞姿势、步骤和方法。

（1）点钞的基本原则和规范的姿势

在实际工作中，出纳人员点钞应遵循如表2-9所示的基本原则。

表2-9

原则	内容
点准	出纳人员收到现钞时要当面清点，并保证整点的张数准确无误，为后续计算总金额奠定基础
算对	出纳人员要根据整点的现钞张数以及各现钞面值，正确算出总金额，可与合同、发票等收款收据上注明的金额相核对，保证一致
挑净	出纳人员在清点现钞、硬币的张数或枚数时，要按标准挑拣出损伤币、变造币、伪造币以及模糊不清或有疑问的票币，并当场作出声明和相应的处理
码齐	票币在清点、挑拣和计算无误后，都应码齐，整理好后按规定存放

出纳人员在点钞时，上身要坐直，挺胸，眼睛和钞票一般保持20cm～25cm的距离，手、腕、肘、臂等同时配合操作，并借助办公桌减轻腕、肘、臂的活动强度。比如，手持式和手按式的点钞方法中，可以将左右手的肘部放在办公桌上，达到省力的目的。

（2）点钞的基本步骤

出纳人员点钞时，为了保证点准、算对、挑净，应尽量按照如图2-2所示的操作步骤进行清点。

清理点钞环境

出纳人员收到票币后，若办公桌面上有其他杂物，应清理出一块干净的位置供点钞使用，防止漏点或重复点收。

分类放置钞币

出纳人员要将收到的钞币先按纸币和硬币分类放置，再分别根据不同的面值进行分类摆放。分类过程中，纸币要平铺于桌面，硬币应码齐放置。

清理不合规的票币

在正式清点票据数量前，出纳人员要将不合规的票据挑拣出来，同时做相应的处理。比如，损伤币挑拣出来后等待清点，但破损严重而难以辨认的损伤币应退回原持币人，对于不退回的应编写书面记录并交由原持币人确认，待送存银行后按照有关规定做出处理；断裂的纸币要用纸（不可用大头针、回形针或订书针夹订）黏合起来；伪造币、变造币和停止流通的票币要当场向原持币人说明，同时予以退回或作废；挑拣好后，准备清点。

清点票币的数量

出纳人员分别清点各种面值的票币张（枚）数，第一遍清点完毕后，记录好每种面值的张（枚）数，再用不同的点钞方法清点一次。确认两次清点的各种面值的张（枚）数一致后，将其捆扎好，写明最终确认的张（枚）数。

计算票币的总金额

根据清点无误的票币数量，对应各种票币面值，计算出所有票币的总金额，然后将计算出的总金额与收款凭证上记载的金额进行核对，两者一致的，出纳人员负责开具收款单据；两者不一致的，出纳人员要重新清点并计算金额，直至计算结果与相关凭证上记载的金额一致为止，这样就完成了点钞工作。

图2-2 点钞的步骤

（3）手工点钞方法

出纳人员在实际工作中，不仅会涉及纸币的手工清点，还会涉及硬币的手工清点。如表2-10所示的是手工清点纸币的各种方法。

表2-10

大类	细分种类
手持式	手持式单指单张点钞、手持式单指多张点钞、手持式多指多张点钞、手持式扇面点钞等
手按式	手按式单指单张点钞、手按式多指多张点钞和手按式半扇面点钞等

下面具体介绍几种常用的纸币点钞方法和手工清点硬币方法的实际操作手法。

◆ 手持式单指单张点钞

身体坐直，双肩自然下垂，将钞票平铺放置。左手横执钞票，该手拇指置于钞票前面左侧约1/4处，食指与中指放在钞票上面，与拇指同时捏住钞票，无名指和小指自然弯曲并伸向钞票下面左下方并与中指一起夹紧钞票，食指在上面伸直，拇指按住钞票前侧面，将钞票压成瓦形，并顺势将钞票向上翻成微开的扇形。右手食指拖住钞票上面的右上角，用该手拇指指尖轻触钞票下面的右上角，逐张轻轻捻动钞票，幅度要小，食指配合拇指捻动，同时左手拇指要配合右手起自然助推作用，右手无名指将捻起的钞票向怀里轻点快弹，如图2-3所示。

图2-3 手持式单指单张点钞手势

注意，清点时就要计数，且通常采用分组计数法，即1、2、3、4、5、6、7、8、9、1（为10），1、2、3、4、5、6、7、8、9、2（为20），以此类推，数到1、2、3、4、5、6、7、8、9、10时就为100张。这种方法是手工点钞法中最基本、最常用的一种，适用于收款、付款和整点各种新旧大小钞票。其优点是容易发现并挑拣出假钞和损伤币，缺点是清点速度较慢。

◆ 手按式单指单张点钞

身体坐直，挺胸，双肘自然放在桌面上，使双手活动自如。左手持钞，该手腕部接触桌面，右手腕部稍抬起。左手食指和中指放在钞票上面，无名指和小指放在钞票下面，中指和无名指夹住钞票左侧短边，右手将钞票右侧翻起，使其自然形成微扇，并用左手拇指和食指抓住翻起的钞票短边的两端，使钞票不往下掉。右手的食指和中指搭在左手的食指上，拇指将离自己最近的一个钞票角向其对角线拨动，幅度要小，此时无名指没有弹钞动作，钞面也不用弯曲得太厉害，右手食指和中指不要离开左手食指。随着剩余钞票的减少，左手拇指和食指要配合向前推送钞票，便于点钞，如图2-4所示。

图2-4 手按式单指单张点钞手势

该点钞方法的计数方法与手持式单指单张点钞法的计数方法一样，一般采用分组计数法，当数到1、2、3、4、5、6、7、8、9、10时就为100张。这种方法适用于清点损伤币较多的钞票，其优点和缺点与手持式单指单张点钞法的一样，即便于发现和挑拣出假币和损伤币，但清点速度较慢。

◆ 手持式多指多张点钞

手持式多指多张点钞一般是指手持式四指四张点钞法。左手无名指和小指置于钞票下面，中指置于钞票上面，无名指和中指夹住钞票左侧离自己最远的一个角，右手将钞票右侧翻起，左手食指按住钞票翻起后的后面一侧，左手拇指按住翻起的右侧面，右手各手指配合将钞票右侧面疏散成微扇形，准备好后，右手食指、中指、无名指和小指同时捻动钞票，并往下弹钞，重复捻钞、弹钞动作，如图2-5所示。

图2-5 手持式多指多张点钞手势

该方法也采用分组计数法计数，但与前面提到的有区别。计数时，每4张计一次数，当计数到25时，即为100张。这种方法适用于清点较新的钞票，其优点是点钞速度较快，缺点是不易清点旧钞，且票币的可视面积相对较小，不易发现并挑拣出损伤币。

◆ 扇面点钞

出纳人员运用扇面点钞法进行点钞时，可按照如表2-11所示的四大步骤进行。

表2-11

步骤	内容
持钞	双脚着地，挺直腰身，双肘放在桌面上，肌肉放松使双手能活动自如，墩齐钞票，左手拇指和中指放在某一短边的中间或一个角处，形成"扇子"的轴。根据习惯，也可用右手持钞

续上表

步骤	内容
开扇	保持左手的持钞姿势，右手拇指放在钞票正面右下角，余下四指放在钞票背面右下角，用拇指和食指（或拇指和中指）配合捻动钞票的右下角。捻动过程中，轴可以改变位置，但不能消失，扇面就慢慢被打开，注意扇面不要打开得太大，否则难以抓钞；也不要太小，不利于清点；更不要将钞票的上下方都打开，这是错误的开扇，而且也不利于持钞和清点
点数	扇面打开后，要从最底下的一张钞票开始记数，并用右手拇指轻按钞票，一次按下5张，同时用右手食指接住，拇指再按下5张，食指再接住，重复动作。清点时，可保持右手位置不变，方便清点，左手配合清点动作将钞票往自己怀里送。在清点的同时计数，每5张一组，数到第19组后，最后看剩几张，若剩5张，则总共100张，若剩4张，则总共99张。手法熟练的，还可一次性按下10张，数到10组就为100张；或一次性按下16张，数到6组，最后看剩余张数，剩余4张即为100张，剩余3张即为99张
合扇	一叠钞票清点完后，双手将钞票合拢墩齐

扇面点钞方法的手势如图2-6所示。

图2-6 扇面点钞手势

这种点钞方法适用于清点新钞及复点工作，不适宜于新、旧、残、破混合钞票的清点。其优点是点钞速度快，缺点是不便于挑选损伤币，而且很费眼力。

◆ 手工清点硬币方法

出纳手工清点硬币时，一般包括整理、清点和计数等步骤。具体步骤如表2-12所示。

表2-12

步骤	内容
整理	清点硬币前，先将不同面值的硬币分类码齐排好，一般按5枚或10枚为一摞，有条件的，可将硬币放置在一个宽度比硬币直径稍宽的槽中固定
清点	右手拇指和食指配合，从右向左分组清点硬币
计数	清点的同时计数，根据实际情况，选取计数方法

2.3 如何管理保险柜、印章和有价证券

出纳不仅要保管好放置在保险柜中的库存现金，还应保管好保险柜、印章和有价证券。

◆ 保险柜如何管理

保险柜一般由财务经理授权出纳管理和使用，相关要求如表2-13所示。

表2-13

要求	内容
保管保险柜钥匙	保险柜钥匙一般配备两把：一把由出纳保管，便于日常工作中开启使用；另一把由财务经理保管，在特殊情况下经领导批准后使用，一般情况下不得用于打开保险柜。出纳人员不得将钥匙交给他人代管，且非出纳人员不得打开保险柜

续上表

要求	内容
设置保险柜密码	出纳要保管好保险柜的密码,不得向任何人泄露,一般要定期更换密码;出纳人员变动时,新的出纳员应更改保险柜密码
保险柜不得存私物	每日终了后,出纳人员应将本公司的空白支票、银钱收据和印章等放入保险柜内保存并造册登记,不能为了保护自己的财物安全而将私人财物存放到保险柜中
保险柜被盗后报警	出纳人员发现保险柜被盗后应保护好现场并及时报警,待公安机关勘察现场后才能清查公司财物被盗的情况
保险柜的保管维护	保险柜应放在隐蔽、通风处,防湿、防潮、防虫鼠的地方,柜内财物要保持整洁卫生。另外,要定期排查保险柜故障,以防泄密或失窃

◆ 公司的印章如何管理

在公司经营过程中,需要利用相应的印章来表示业务的发生和经济行为的有效性。基本上所有的印章都要由出纳人员保管在保险柜中。具体的管理规定如表2-14所示。

表2-14

规定	内容
关于盖章的要求	出纳人员签发支票付款时,应先由出纳人员加盖自己的名章,然后在审核无误后,加盖其他印章,表示正式签发。出纳人员不得在空白凭证上加盖印章,确因工作需要加盖的,必须在空白凭证上注明"仅供××使用"之类的用途说明,报经总经理批准后才可在空白凭证上加盖印章,且事后必须收回该凭证的原件或复印件以备查核账目
不得外带	印章和印鉴等不得私自携带外出使用,确因工作需要携带外出的,必须在外出前报经总经理批准
不得转交其他人代管	保管印章的出纳人员不得擅自将印章交由其他人代管,更不得让其他人代为盖章
定期清点	出纳人员要定期清点公司印章的枚数,确保印章没有丢失,若发现印章丢失,应及时向领导汇报,并采取相应措施止损
处罚	若因出纳人员保管不善造成印章丢失,或因把关不严造成用印后的重大错误或损失的,私自留存或非法使用印章的,将视情节严重程度给予处分,触犯法律的会被移交司法机关处理

◆ 有价证券和其他票据的管理

有价证券是用于证明持有人或该证券指定的主体对特定财产拥有所有权或债权的凭证，它一般标有票面金额，本质上是一种货币。因此，可按照现金保管方法保管有价证券。当有价证券数量较多时，需要设置《有价证券保管登记簿》，登记有价证券的数量、面额以及到期时间等信息。

出纳人员要从银行提现时，就需要开具支票，此时支票是支付凭证，一旦出纳人员在支票上加盖了与银行预留印章一致的图章后，就可持支票到银行提取现金，或与其他单位办理结算。对于不再使用的空白支票，出纳人员要及时归还银行，防止空白支票丢失或被盗取，给公司造成损失。

在经济业务处理中，若涉及各种纸质汇票、本票，也需要妥善保管，由出纳人员将其放置在保险柜中储存，同时还要设置相应的票据登记表，记录各种票据的数量、金额和到期时间等信息。

2.4 如何识别虚假发票

发票是税务机关监控纳税人纳税情况的重要工具，查验发票真伪主要有网络平台查验和申请税务机关鉴别两种方法，不同的方法有不同的查验程序。本节内容将对这两种查验方法作具体说明。

2.4.1 发票的格式

目前，我国增值税发票最常见的是增值税普通发票和增值税专用发票两种，下面以普通发票为例展示其格式，如图2-7所示。

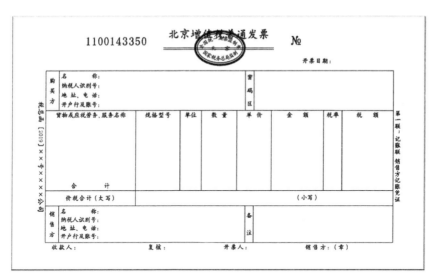

图2-7 增值税普通发票格式

2.4.2 网络平台查验

取得增值税发票的单位和个人，可登录全国增值税发票查验平台，对新系统开具的增值税专用发票、增值税普通发票、机动车销售统一发票和增值税电子普通发票等发票的信息进行查验。

其具体操作是：进入国家税务总局官网（http://www.chinatax.gov.cn/），找到"发票查询"入口并登录该查验平台。

以普通发票查询为例，按提示分别录入发票代码、发票号码、开票日期、开具金额（不含税）和验证码，单击"查验"按钮，系统将显示查验结果。票种不同，需要输入的查验项目也会有差异。一般来说，查验结果有如表2-15所示的3种。

表2-15

查验结果	内容
与税务电子信息一致	纳税人输入的发票信息与税务机关电子信息一致，则显示相关的发票详细信息（如发票已被开具方作废，则查验结果显示"作废"标识）

续上表

查验结果	内容
与税务信息不完全相同	纳税人输入的发票信息与税务机关电子信息至少有一项不一致，则显示"查验不一致"的结果
无法在税务信息中查到	纳税人输入的发票信息无法在税务机关的电子信息中查到，则显示"查无此票"的结果

在国家税务总局网络平台上查验发票时，有以下几点注意事项需要了解。

◆ 当日开具的发票，最快可于次日进行查验。

◆ 每张发票每天最多只能查验5次。超过次数的，需等到次日再进行查验操作。

◆ 可查验最近一年内增值税发票管理新系统开具的发票。

◆ 该平台仅提供所查询发票票面信息的查验结果，若对查验结果有疑问，可持发票原件到当地税务机关进行鉴定。

2.4.3 申请税务机关鉴别

用票单位和个人有权申请税务机关对发票的真伪进行鉴别。收到申请的税务机关应当受理并负责鉴别发票的真伪；鉴别有困难的，可以提请发票监制税务机关协助鉴别。在伪造、变造现场以及买卖地、存放地查获的发票，由当地税务机关进行鉴别。税务机关鉴别发票真伪的鉴别程序如图2-8所示。

受理

申请人报送资料齐全、符合法定形式的，税务机关按照以下情况分别办理：能够当场鉴别的，出具《税务事项通知书》（发票真伪鉴定结果通知）；不能当场鉴别的，制作《税务事项通知书》（受理通知），转下一环节。

鉴定

发票真伪鉴定人员对申请人提供的发票真伪作出鉴定，并出具《税务事项通知书》（发票真伪鉴定结果通知）。

图2-8 税务机关鉴别发票的程序

第3章
简单易学的会计凭证规范

会计凭证包括原始凭证和记账凭证，它们有各自的书写规范、填制要求以及审核要求，且最终都要进行妥善的保管。本章将详细介绍与它们有关的各项工作内容。

3.1 原始凭证的处理

原始凭证指经办单位或人员在经济业务发生或完成时取得或填制的，用来记录经济业务发生或完成情况、明确经济责任的会计凭证。

3.1.1 原始凭证有哪些分类

企业发生的经济业务非常多，为了方便记账，财务人员会将原始凭证进行分类。根据来源不同可分为外来原始凭证和自制原始凭证。

（1）外来原始凭证

外来原始凭证是在与外单位发生经济往来时，从外单位取得的凭证。外来原始凭证都是一次凭证，如企业购买材料、商品时，从供货单位取得的发票。这里展示一张增值税专用发票，如图3-1所示。

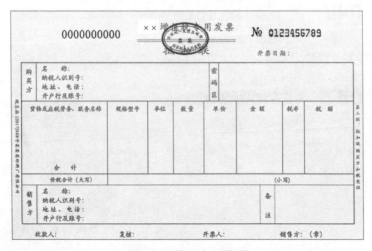

图3-1 增值税专用发票

（2）自制原始凭证

自制原始凭证是指在经济业务发生、执行或完成时，由本单位经办人员自行填制的原始凭证，如企业仓库收发材料时所用的收料单、领料单和产品入库单，以及员工报销费用时填制的报销单等。如图3-2所示的是自制的差旅费报销单。

差旅费报销单

报销部门：　　　　　　　　　　　　　　　　　　年　　月　　日

姓名		职别			出差事由						
出差地点	日期	区间	人数	天数	其中：途中天数	局内/局外	补贴项目	人数	天数	标准	金额
	月 日-月 日						伙食补贴				
	月 日-月 日						交通费补贴				
	月 日-月 日						司机出车补贴				
	月 日-月 日						未卧补贴				
	月 日-月 日						小计				
项目	报销数		审核数		说明：						
	单据张数	报销金额	单据张数	审核金额							
住宿费											
车船票					主（分）管领导审批：						
飞机票											
小计											
合计大写金额：					合计金额小写：						

图3-2 差旅费报销单

自制原始凭证按其填制手续不同，又可分为一次凭证、累计凭证、汇总原始凭证和记账编制凭证4种。

◆ 一次凭证

一次凭证指一次填制完成且一次有效的原始凭证，它只记录一笔经济业务，如发票、收款收据等。通常，一次凭证只能反映一项经济业务事项，或同时发生的若干项同类经济业务事项。如图3-3所示为一张收据。一次凭证使用方便灵活，但凭证数量较多。

收据

No5005121

日期：　　年　　月　　日

收　到	
金额（大写）　拾　万　仟　佰　拾　元　角　分　¥	
附　注：	

发局单位盖章　　会计：　　出纳：　　经手人：

①存根（白）②收据（红）③记账（蓝）

图3-3 收据

◆ 累计凭证

累计凭证是指在规定期限（如一个月）内，对多次、连续发生的某一种经济业务进行分次填列，且能多次使用的自制原始凭证。如图3-4所示的限额领料单即为累计凭证。

限额领料单

领料单位：　　编号：
用途：　　材料单价：
计划产量：　　单位消耗定额：

材料名称及规格			计量单位	全月领用限额	全月实领	
					数量	金额
甲材料						
领料日期	请料单	实发数	结余数	领料人	领料单位主管	发料人
供应部门负责人：		生产计划部门负责人：			库管：	

图3-4 限额领料单

◆ 汇总原始凭证

汇总原始凭证也称原始凭证汇总表，它是在会计核算工作中，为简化记账凭证的编制工作，将一定时期内若干份记录同类经济业务的原始凭证按照一定的管理要求汇总编制成一张汇总凭证，用以集中反映某项经济业务发生情况的总括会计凭证，如发料凭证汇总表、收料凭证汇总表和现金收入汇总表等。如图3-5所示的是发料凭证汇总表效果。

发料凭证汇总表

应借科目	应贷科目:原材料				辅助材料	发料合计
	明细科目: 主要材料					
	1-10日	11-20日	21-30日	小计		
生产成本 制造费用 管理费用						
合计						

年 月 日　　　　　　　　　　　　　　　　单位:元

图3-5 发料凭证汇总表

◆ 记账编制凭证

记账编制凭证是根据账簿记录，把某一项经济业务加以归类、整理而重新编制的一种原始凭证。如计算产品成本时需要自行编制制造费用分配表，该表是根据制造费用的明细账记录，按费用的用途不同，对其进行归类、整理而形成的。如图3-6所示的是制造费用分配表效果。

制造费用分配表

年 月

应借科目		生产工时	分配率	分配金额
生产成本	×产品			
	×产品			
合计				

图3-6 制造费用分配表

3.1.2 正确填制原始凭证

原始凭证一般由外单位或本单位的有关业务人员填制，然后由财会人员审核并登记入账。为了使取得的原始凭证合法、合理、合规，也为了保证记账凭证的填制工作能顺利开展，包括出纳人员在内的所有财会人员都应掌握原始凭证的基本填制要求，具体内容如表3-1所示。

表3-1

基本要求	内容
真实可靠	经济业务的内容要如实填写，不弄虚作假
内容完整	将原始凭证上需要填写的项目都填写完整，不可漏填
填制及时	经济业务发生或完成时，经办人员应立即填制原始凭证，做到不积压、不误时、不事后补制；即使无法立刻填制，也应在规定时间内填制完成
顺序填制	经办人员应按照原始凭证的编号顺序填制，不小心跳号的，应将跳号的凭证加盖"作废"戳记，而不得随意撕毁

除此之外，原始凭证的填制还有一些特殊要求，如下所示。

◆ 从外单位取得的原始凭证，必须盖有填制单位的公章；从个人取得的原始凭证，必须有填制人员的签名或盖章，这样取得的原始凭证才可受理。同理，单位自制原始凭证也必须有领导人或其他指定人员的签名或盖章；对外开出的原始凭证必须加盖本单位公章，这样开出的原始凭证才具有法律效力。

◆ 收到购买实物的原始凭证后，必须开出验收证明；支付款项后，必须收到收款单位或收款人开出的收款证明。

在众多原始凭证中，基本都会涉及大小写金额，且有其独特的填写要求，如表3-2所示。

表3-2

要求	内容
大小写金额保持一致	不管是原始凭证，还是记账凭证，记录的大小写金额都必须一致，若不一致，要查明原因，并采取正确的处理办法进行修改
不连笔书写	阿拉伯数字之间应保持一定的距离，不得连笔书写
汉字大写的书写	不得任意自造简化字，必须按壹、贰、叁、肆、伍、陆、柒、捌、玖、拾、佰、仟、万、整等大写汉字书写。金额到元为止的，"圆"字之后应写"整"字或"正"字；金额有角分的，分字后面不写"整"或"正"字

续上表

要求	内容
币种符号的书写	阿拉伯数字金额前面应书写货币币种符号或货币名称简写，且币种符号或货币名称简写与数字金额之间不得留有空白。注意币种符号和货币名称简写不得同时使用
货币名称的书写	大写金额前应注明货币名称，且与金额数字之间不留空白。有些原始凭证印有货币名称，若没有，需手动书写货币名称
"角分"的书写	若金额以"元"为单位的，均要求保留小数点后两位，即写到角分；无角分的，角分位写为"00"，或用"--"符号代替；有角无分的，分位写"0"，且此时不得用"-"符号代替分位"0"
数字"0"对应汉字的书写	阿拉伯数字金额中间有"0"时，大写金额要写"零"字；阿拉伯数字金额中间连续有几个"0"时，大写金额只写一个"零"字；阿拉伯数字金额元位是"0"且无角分，或者元位是"0"但有角分，一般不写"零"字

3.1.3 原始凭证的审核不能马虎

各种原始凭证在填制或取得的同时，就要由经办业务的部门负责初审，然后交由财会人员登记做账时，再进行复审。只有审核通过的原始凭证才能作为填制记账凭证和登记账簿的依据。那么，包括出纳人员在内的财会人员要如何审核原始凭证呢？主要从以下6个方面入手。

◆ 审核原始凭证的合法性

出纳和会计在对原始凭证进行合法性审核时，要从内容和形式两方面出发，审查原始凭证记录的经济业务内容是否符合国家法律、法规和相关财政、税务政策的规定；审查原始凭证的格式是否符合《发票管理办法》的规定，项目是否齐全。

◆ 审核原始凭证的真实性

在审核原始凭证的真实性时，主要审核发生的经济业务是否真实，有无弄虚作假、无中生有等现象，有无恶意掩盖、歪曲或颠倒经济业务事实等情况。比如，对于自制的收料单、领料单、工资结算单等原始凭证，审查所列材料是否已验收入库，用途是否明确且真实存在，员工姓名、出勤天数以及加班天数等是否真实。对于发票、各种运单和银行结算凭证的外来原始凭证，其真实性的审核要包括如图3-7所示的4个方面内容。

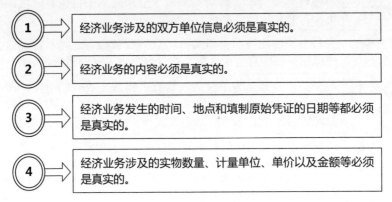

1　经济业务涉及的双方单位信息必须是真实的。

2　经济业务的内容必须是真实的。

3　经济业务发生的时间、地点和填制原始凭证的日期等都必须是真实的。

4　经济业务涉及的实物数量、计量单位、单价以及金额等必须是真实的。

图3-7　外来原始凭证的审核

◆　审核原始凭证的合理性

审核原始凭证的合理性时，主要审查原始凭证记录的经济业务是否符合企业生产经营活动的需要，开支是否合理，是否符合相应的预算计划。需要注意的是，在审核原始凭证的合理性时，要以国家的法律、法规和财政、税务等相关政策为依据。

◆　审核原始凭证的正确性

审核原始凭证的正确性主要看原始凭证的汉字、数字等书写是否正确，如原始凭证中的数量是否与实际数量一致，单价金额是否正确，数量与单价的乘积是否正确，各部分金额之和是否与合计金额相等，费用报销单中的借款金额、应补（退）金额等是否正确，工资表中的各员工工资数据是否正确等。

◆　审核原始凭证的完整性

出纳和会计要审核原始凭证是否完整，主要审查原始凭证中的项目是否填写齐全，相关手续是否已办妥。比如，原始凭证要包括凭证名称、编号、开票日期、购销双方单位全称、业务摘要、数量和金额、相关责任人以及票据的联次和各联次用途等内容。

◆ 审核原始凭证的及时性

审核原始凭证的及时性就是要审查原始凭证的填制日期是否与经济业务发生的时间一致，或者相差天数不多。同时，还要审核原始凭证是否在规定时间内交由会计机构负责人或其他会计人员审核。对原始凭证的及时性审查，可帮助财会人员及时发现错账并进行更正，防止发生违反财经法律、法规的情况，致使公司减少不必要的经济损失。

3.2 记账凭证的处理

记账凭证是指会计人员根据审核无误的原始凭证或汇总原始凭证，按照不同经济业务加以归类，用来确定会计分录而填制的直接作为登记账簿依据的凭证。

3.2.1 细说记账凭证的分类

记账凭证又称记账凭单，它是按照登记账簿的要求，确定账户名称、记账方向（应借、应贷）和金额的一种记录。根据不同的用途，记账凭证可分为专用记账凭证和通用记账凭证两种。

（1）专用记账凭证

专用记账凭证是指分类反映经济业务的记账凭证，按不同的经济业务，一般分为收款凭证、付款凭证和转账凭证3种。下面分别对这3种凭证进行介绍。

◆ 收款凭证

收款凭证专门用于登记现金和银行存款的收入业务。它主要根据有关现金和银行存款收入业务的原始凭证填制，是登记现金日记账、银行存款日记账以及有关明细账和总账等账簿的依据，也是出纳人员收讫款项的依据。一般格式如图3-8所示。

图3-8 收款凭证

◆ 付款凭证

付款凭证专门用于登记现金和银行存款的支出业务。它主要根据有关现金和银行存款支付业务的原始凭证填制，是登记现金日记账、银行存款日记账以及有关明细账和总账等账簿的依据，也是出纳人员付讫款项的依据。一般格式如图3-9所示。

图3-9 付款凭证

在实际工作中，出纳人员必须根据会计人员审核无误的收付款凭证，办理收款和付款业务，加强对货币资金的管理。

◆ 转账凭证

转账凭证专门用于登记除现金和银行存款收付业务以外的其他经济业务。它主要根据有关转账业务的原始凭证填制，是登记有关明细账和总账等账簿的依据。一般格式如图3-10所示。

图3-10 转账凭证

（2）通用记账凭证

通用记账凭证适用于所有经济业务，也就是说，采用通用记账凭证的单位，收款、付款和转账等业务均采用一种统一格式的记账凭证进行记录。业务较单一、业务量较少的单位，适宜使用这类记账凭证。其格式与转账凭证相似，具体如图3-11所示。

图3-11 通用记账凭证

3.2.2 记账凭证是怎么填制的

审核无误的原始凭证是记账凭证的填制依据，记账凭证必须具备的基本内容如下所示。

- ◆ 记账凭证的填制单位名称。

- ◆ 记账凭证的名称和编号。

- ◆ 记账凭证的填制日期。

- ◆ 经济业务内容的摘要。

- ◆ 借贷方的会计科目（包括总账科目和明细科目）和对应的金额。

- ◆ 所附原始凭证的张数。

- ◆ 会计主管、记账、出纳、审核和制单等相关责任人的签名或盖章。

会计人员要严格按照规定填制记账凭证，大致要求有记录真实、内容完整和填制及时等。针对不同的项目，填制要求不同，具体如表3-3所示。

表3-3

项目	具体填制要求
凭证编号	记账凭证必须连续编号，以便日后核查，也避免凭证散失。在编号时，既可按收款凭证、付款凭证和转账凭证分别从第1号起连续编号，如收字第10号、付字第12号、转字第18号等；也可将收款凭证和付款凭证细分为现收第×号、银收第×号、现付第×号、银付第×号等进行编号。有时也可不区分收款凭证、付款凭证和转账凭证，而按经济业务发生的先后顺序统一编号。如果一项经济业务需要填制多张记账凭证，需采用"分数编号法"，即每一项经济业务编一个总号，再按凭证张数几个分号，如收字第2号第1/2页。记账凭证一般每月更换一次编号，从第1号开始重新编起，并始终遵循一定的规律，做到不重号、不漏号
摘要	简要说明经济业务的内容，要求文字说明简练、概括，以满足登记账簿的要求
会计科目	应根据经济业务的内容，按照会计制度的规定来确定借、贷方的会计科目。科目使用必须正确，不得任意改变或简化会计科目的名称，有关二级科目或明细科目要填写齐全

项目	具体填制要求
对应关系	记账凭证中，应借、应贷的账户必须保持清晰的对应关系。没有对应关系的会计科目不能出现在同一个会计分录中
平衡关系	记账凭证填制完毕后，应算出合计数，确保会计分录中对应账户的平衡关系
金额栏数字	金额栏的数字应对准借、贷栏次和科目行次并正确填写，尽量避免错栏、串行的错误。角分位不留空白，即角分位为"0"时，要在格子里填写"0"。多余的金额栏应自借方金额栏左下角至贷方金额栏右上角划一条红色斜线，以示注销栏次
附件张数	每张记账凭证都要注明附件张数，以便日后查对。如有重要资料或原始凭证数量过多而需要单独保管的，要在记账凭证的摘要栏中加以说明，并注明保管位置及相应的凭证编号
核对签名	记账凭证填写完毕后，要与有关原始凭证核对，最后再由各负责人签名或盖章

不同类型的记账凭证，其填制方法有区别。

（1）专用记账凭证的填制方法

由前述内容可知，专用记账凭证分为了收款凭证、付款凭证和转账凭证，因此，在了解专用记账凭证的填制方法时，要分别学习这3类凭证的具体填制方法和要求，如表3-4所示。

表3-4

项目	内容
收款凭证的填制方法	收款凭证用来记录货币资金的收款业务，在借贷记账法下，收款凭证左上角填列统一的一个会计科目，要么是"库存现金"，要么是"银行存款"；右上角填列凭证的编号，一般为收字第×号或现（银）收字第×号；而凭证的中间部分包括"摘要""贷方总账科目""贷方明细科目""记账"和"金额"等栏次，分别填列经济业务的简要内容说明、贷方科目、记账符号和实际发生数额等。若金额栏有空行，应从该栏次空行左下角至右上角划一斜线划销；凭证的最右侧填列收款凭证所附的原始凭证张数；凭证最下方填列各责任人的签名或盖章

续上表

项目	内容
付款凭证的填制方法	付款凭证用来记录货币资金的付款业务，在借贷记账法下，付款凭证左上角填列统一的一个会计科目，要么是"库存现金"，要么是"银行存款"；右上角填列凭证的编号，一般为付字第×号或现（银）付字第×号；而凭证中间部分包括"摘要""借方总账科目""借方明细科目""记账"和"金额"等栏次，分别填列经济业务的简要内容说明、借方科目、记账符号和实际发生数额等。若金额栏有空行，要从该栏次空行左下角至右上角划一条斜线划销；凭证最右侧填列付款凭证所附原始凭证的张数；凭证最下方填列各责任人的签名或盖章
转账凭证的填制方法	转账凭证用来记录与货币资金收付无关的其他业务，在借贷记账法下，其借、贷方的会计科目均填列在凭证的中间部分，凭证右上角填列编号，一般为转字第×号；而中间部分包括"摘要""总账科目""明细科目""记账""借方金额"和"贷方金额"等栏次，分别填列所涉及经济业务的简要内容说明、借贷各方的总账科目和明细科目、记账符号、借方科目对应的金额和贷方科目对应的金额等。若金额栏有空行，要从空行的借方金额栏左下角至贷方金额栏右上角划一条斜线划销；凭证最右侧填列该凭证所附原始凭证的张数；凭证最下方填列各责任人的签名或盖章

（2）通用记账凭证的填制方法

通用记账凭证是不分收款业务、付款业务和转账业务的，它是将所有经济业务记录在一种统一的记账凭证上的凭证。其大致格式与转账凭证的格式相同，但也有细微差别。

借贷记账法下，通用记账凭证的名称统一为"记账凭证"；右上角填列凭证编号，一般为记字第×号；凭证中间部分包括"摘要""总账科目""明细科目""记账""借方金额"和"贷方金额"等栏次，分别填列所涉及经济业务的简要内容说明、借贷方总账科目和明细科目、记账符号、借方科目对应金额和贷方科目对应金额等。若金额栏有空行，应从空行的借方金额栏左下角至贷方金额栏右上角划一条斜线划销；凭证最右侧填列记账凭证所附原始凭证张数；最下方填列各责任人的签名或盖章。

实账处理 根据报销单填制记账凭证

2019年4月25日，甲公司文员王某借备用金1 000元购买办公用品，2019年4月26日，购买办公用品共花费1 200元，根据收到的发票填制了费用报销单，并领取垫付的200元。根据以上原始凭证分别填制了如图3-12和图3-13所示的记账凭证。

记 账 凭 证

2019 年 4 月 25 日 记字第 1 号

摘 要	总账科目	明细科目	记账√	借方金额 千百十万千百十元角分	记账√	贷方金额 千百十万千百十元角分	记账符号
付王某借备用金	其他应收款	备用金		1 0 0 0 0 0			
付王某借备用金	库存现金					1 0 0 0 0 0	
大写：壹仟元整				¥ 1 0 0 0 0 0		¥ 1 0 0 0 0 0	

附件 1 张

会计主管 ×× 　　记账 ×× 　　出纳 ×× 　　审核 ×× 　　制单 ××

图3-12 借出款项的记账凭证

记 账 凭 证

2019 年 4 月 26 日 记字第 2 号

摘 要	总账科目	明细科目	记账√	借方金额 千百十万千百十元角分	记账√	贷方金额 千百十万千百十元角分	记账符号
付王某报办公费	管理费用	办公费		1 2 0 0 0 0			
付王某垫付费用	库存现金					2 0 0 0 0	
付王某报办公费	其他应收款	备用金				1 0 0 0 0 0	
大写：壹仟贰佰元整				¥ 1 2 0 0 0 0		¥ 1 2 0 0 0 0	

附件 2 张

会计主管 ×× 　　记账 ×× 　　出纳 ×× 　　审核 ×× 　　制单 ××

图3-13 报销款项的记账凭证

3.2.3 记账凭证的附件是什么

记账凭证的附件就是填制记账凭证的依据，一般为发票、收据、借款单和领料单等原始凭证，大概可分为如表3-5所示内容。

表3-5

项目	内容
自制凭证	1.借款单、费用报销单、差旅费报销单和收款收据等； 2.验收证明、入库单、领料单、限额领料单、出库单、半成品和成品计算单以及发货通知单等； 3.固定资产计提折旧明细表、无形资产摊销明细表、制造费用分配表、产品成本结转表、销售成本核算表以及其他各项专用资金计提明细表等
外来附件	1.支票票根、现金缴款单、银行汇款单和收款通知单等； 2.增值税专用发票、增值税普通发票、机动车销售统一发票和货物运输业增值税专用发票等； 3.对账函和对账回函等
共同证据	1.供销合同、租赁合同、委托书和三方协议等约定双方责任的文件或其复印件等； 2.其他证明经济业务双方关系的文书

记账凭证的所有附件都要签章才能生效，比如，用支票支付款项的业务，其原始凭证要加盖"银行付讫"戳记；收到支票的业务，其原始凭证要加盖"银行收讫"戳记；用现金支付款项的，其原始凭证要加盖"现金付讫"戳记；收到现金的业务，其原始凭证要加盖"现金收讫"戳记。而公司内部的报销单，一般需加盖"现金付讫"或"现金收讫"戳记。

另外，记账凭证最右侧记录的附件张数应以所附原始凭证的实际自然张数为准，只要是与记账凭证记录的经济业务有关的原始凭证，都应作为记账凭证的附件。如果所附原始凭证另外编制了原始凭证汇总表，则附件张数要加上一张原始凭证汇总表。若附件是乘车票、餐饮票和住宿票等比较零散的原始凭证，则需利用粘贴单集合这些零散票据，作为一张附件。

3.2.4　记账凭证的审核和处理程序

为了保证记账凭证的填制是正确的，使其能够作为登记账簿的依据，需要对记账凭证进行审核，包括审核出纳填制的收款凭证和付款凭证、会计填制的转账凭证或记账凭证等。

由于记账凭证是根据审核无误的原始凭证填制的，因此审核记账凭证时不仅要审核自身，还要审核所附原始凭证。那么，对于审核记账凭证本身，应审核哪些内容呢？如表3-6所示。

表3-6

审核项目	内容
合规性	审核记账凭证是否附有原始凭证；对应的附件是否齐全；记账凭证所记录的经济业务与所附原始凭证所反映的经济业务是否相符；是否存在虚假记录；各会计科目核算的内容是否符合会计制度的规定等
技术性	审核记账凭证的借贷科目是否正确；各科目之间的对应关系是否清晰、准确；金额计算是否准确；摘要的填写是否清楚；填制日期、凭证编号、总账和明细科目、附件张数以及有关责任人签章等各项目是否填写完全；多联次的凭证是否注明各自用途

若审核记账凭证时发现有问题，或者有错误，应及时查明原因，并按规定做出更正处理，防止因记账凭证错误导致账簿登记错误而引起工作量增加的事情发生。

学习了记账凭证的审核，下面了解一下记账凭证账务处理程序。它是指根据发生的经济业务事项所对应的原始凭证或汇总原始凭证编制记账凭证，然后根据记账凭证直接登记总分类账的一种账务处理程序。由此可见，其特点有如下所示的两点。

◆ 它是最基本的会计核算程序，其他几种会计核算程序都是在记账凭证核算程序的基础上根据企业经济管理和会计核算工作的需要而拓展开来的。

◆ 根据记账凭证直接逐笔登记总分类账。

记账凭证账务处理程序的内容有6点，具体如图3-14所示。

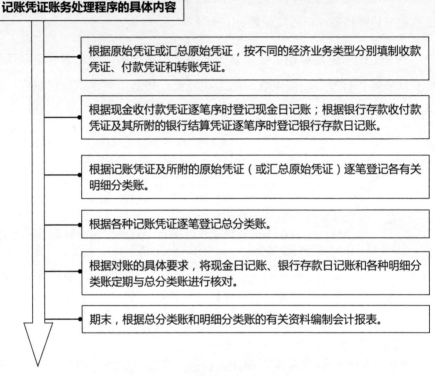

图3-14 记账凭证账务处理程序的内容

记账凭证账务处理程序一般适用于规模较小、经济业务较少的单位，其优点是程序简单，总账账簿中可详细地反映经济业务的来龙去脉以及各账户之间的对应关系；缺点是当企业规模较大且经济业务较多时采用这一账务处理程序，会使总账的登记工作量增大，且不利于会计人员分工协作。

包括出纳人员在内的所有财会人员，只有了解了相应的账务处理程序和相关凭证的审核内容，才能切实地保证记账工作不出大错，甚至不出错。

3.3 会计凭证的管理

记完账后就应将相关的凭证进行整理、装订并保管，这是包括出纳人员在内的财务人员必须掌握的基本功之一。

◆ 会计凭证的整理

财会人员的做账工作不仅包括前期的记账、登账，还包括后期的报表编制和资料整理与保管。而在资料整理与保管工作中，财会人员必须要熟知如表3-7所示的会计资料整理过程。

表3-7

整理过程	内容
分类归集	将会计凭证按照一定的分类标准进行整理，同时检查凭证的填制日期和编号，根据日期或编号顺序进行顺序排列。如果凭证有缺号现象，应及时查明原因，并在规定的位置注明缺号的具体情况；再按月、季或年将各类凭证进行归集，确定装订成册的本数
整理附件	先要检查附件是否齐全，再使记账凭证的附件（即各种原始凭证）大小尽量与记账凭证的大小一致，过大或过小的都要进行专业的折叠或裁剪。如果凭证上有回形针或订书针等金属物件，还要在整理时将其摘除。最后，将附件整齐地粘贴在记账凭证的背面，粘贴时要避开装订线，避免装订时盖住了原始凭证上的重要内容
检查印章和记账符号	查记账凭证的最下方，有无会计主管、记账、出纳、审核和制单等相关责任人的签名或盖章；同时检查记账凭证是否都已标示了记账符号，以此确认相关记账凭证是否已登记入账簿

◆ 会计凭证的装订

会计凭证的装订工作有很多细节要注意，其具体的装订过程如表3-8所示。

表3-8

装订过程	内容
折叠封面	先将封面需要钻眼的一侧按照预计的装订宽度折叠出一个矩形部分，然后对照当前需要订本的凭证大小，将封面的其他三侧超过凭证大小的部分向里折叠；若其他三侧与凭证大小刚好合适，则无需做折叠处理。封面折叠好后，放置在当前需要订本的凭证上
捆绑凭证	按照一定的捆绑技巧，将折叠好封面的这垒凭证用捆绑线绳捆好，或者用足够大的夹子将这垒凭证夹住，防止凭证散乱
插入垫条	手工记账的，由于凭证中央被书写过，可能会出现中间很蓬松的情况，此时需要钻眼的一侧的厚度与凭证中间的厚度可能就会不一样，为了保证凭证在装订成册后看起来整齐美观，就需要利用一些小纸条将钻眼一侧的厚度填起来，使其与凭证中间厚度一致；同时，还要利用小纸条填充钻眼一侧的两端，使其与钻眼一侧的中间位置齐平
钻眼	再次整理封面和凭证，墩齐，将需要钻眼的一侧放在钻机上，利用钻机钻3个眼，两端的眼要钻在装订线上，中间位置的眼要钻在装订线以外靠近该侧外边缘的位置，使得这3个眼在同一平面上尽可能形成一个扁扁的等腰三角形，这样在穿线后会使这本凭证更稳定、牢靠
穿线	根据装订成册的凭证大小，选取合适长度的专用订本线绳，将线绳穿入已经钻好的眼中，用力系紧线绳并打好结。为了美观，要用合适的工具，如改锥，将打好的结插入钻好的眼中，同时还要用斧头之类的工具将装订眼处锤平
折棱角	为了使凭证看起来方方正正、棱角突出，要对封面再进行一次折叠操作。先将捆绑凭证的线绳解开，然后将封面钻了眼的一侧沿着装订线折叠一下，此时折痕要明显
抹糨糊	利用专门的刷子在凭证需要钻眼的一侧涂抹一些糨糊，注意，需要粘贴封面的所有面都要涂抹，保证粘贴好后凭证不会随意散落
粘贴	将折叠好的封面沿着折痕，由里向外逐步粘贴，使其与订好的凭证粘贴在一起
齐棱角	粘贴好后，准备两把长度合适的尺子，一把与凭证的各个棱对齐放置，另一把沿着各条棱线划过，在划动尺子时，可稍微加重力道，这样可使凭证的各个棱角更明显，整体看起来更方正

续上表

装订过程	内容
平轧	将装订好的每本凭证放置在桌面上，同时将厚度相同的摆放在一处，用一块齐平的木板放置在同厚度的几本或十几本凭证上，再将一些书、字典等稍有重量的物件放置在齐平的木板上，轧足一段时间，如24小时，等到涂抹的糨糊彻底风干后，拿走书、字典和木板等物件，一本一本收取凭证
写封面	按照会计档案的管理规定，在收取的每本凭证上，注明本单位名称、凭证装订日期、所含凭证涉及的会计期间、凭证编号范围以及会计机构负责人、会计人员和出纳等相关责任人的姓名等信息，然后将凭证归档保存

严格按照上表所述的过程进行装订，成册的凭证会非常结实、牢固、整齐且美观，既便于日后查阅，又便于存档保管。

◆ 会计档案的保管期限和销毁工作

对于包括会计凭证在内的所有会计档案，其保管工作也是有特殊规定的，不仅有特定的保管期限，而且还不能随意销毁。

根据会计档案的重要程度，可将其保管期限划分为永久保管和定期保管两大类。其中，永久保管的会计档案是需要一直保存的，不可以销毁；而定期保管的会计档案在保管期限届满后，报经相关领导和机构批准后方可销毁。

根据《会计档案管理办法》的规定，无论是企业的档案保管期限，还是事业单位或行政单位的档案保管期限，都是指最低保管期限，且各种会计档案的保管期限应从开始保管的第一天起算。下面就来看看不同的会计档案其保管期限分别是多久，如表3-9所示。

表3-9

保管期限	会计档案
永久保存	年度财务会计报告、会计档案保管清册、会计档案销毁清册、会计档案鉴定意见书及其他需要永久保管的档案

续上表

保管期限	会计档案
30年	原始凭证、记账凭证、总账、明细账、日记账、其他辅助性账簿和会计档案移交清册
10年	月度、季度、半年度财务会计报告，银行存款余额调节表，银行对账单以及纳税申报表等
5年	固定资产报废清理后的固定资产卡片

对于保管期限届满的会计资料，保管人员首先要向有关领导和机构提出销毁申请，申请通过后，单位的档案管理机构要编制会计档案销毁清册，列明需要销毁的会计档案的名称、卷号、册数、起讫年度、应保管期限和已保管期限等信息。

其次，单位负责人、档案管理机构负责人、会计机构负责人和档案管理经办人员等在会计档案销毁清册上签字确认。

最后由档案管理机构负责组织销毁工作，先对应销毁的会计资料进行逐项核对，核对无误后，由会计机构派员监销。

注意，并不是所有保管期限届满的会计档案都可以销毁。对于债权债务没有结清的会计凭证，或者涉及其他未了事项的会计凭证，即使其保管期限届满，也不得销毁，应单独抽出立卷，直至债权债务结清或未了事项办理完结时为止，才可以销毁。

第4章
有关序时账簿登记的简单解析

　　账簿是根据记账凭证登记的。在财务工作中有各种类型的账簿，出纳接触的主要是库存现金日记账和银行存款日记账。本章将介绍账簿不同方面的内容，其中会重点介绍现金日记账和银行存款日记账。

4.1 会计账簿综述

会计账簿是指由一定格式的账页组成，全面、系统、连续地记录各项经济业务的簿籍。它的登记依据是审核无误的会计凭证。通过设置并登记账簿，可分类反映企业不同的经济信息，提供企业一定时期内经济活动的详细情况，反映企业一定时期内的财务状况及经营成果。

4.1.1 账簿的内容、要求和作用

企业将会计凭证反映的经济内容登记到账簿中，可全面反映会计主体在一定时间内的各项资金运动情况，储存相应的会计信息。

（1）账簿的基本内容

各单位按照会计核算的基本要求和会计准则的有关规定，结合本单位经济业务的特点和经营管理的需要，设置必要的账簿，并认真做好登记工作。在工作中，虽然账簿的类型多种多样，但均应具备如表4-1所示的内容。

表4-1

项目	内容
封面	主要标明账簿的名称（如总分类账簿、现金日记账和银行存款日记账等）和所属会计期间（如××年～××年）
扉页	注明会计账簿的使用信息，如科目索引、账簿启用表和经管人员一览表等
账页	账页是账簿用来记录经济业务内容的载体，是账簿的主要组成部分，每张账页都包括账户的名称（总账科目、明细科目）、登账日期栏、凭证种类和号数栏、摘要栏、金额栏以及总页次栏和分页次栏

（2）账簿的基本要求

设置和登记账簿的目的是进一步加工整理经济信息，它是会计核算的重要环节。根据《会计基础工作规范》的相关规定，登记会计账簿的基本要求如表4-2所示。

表4-2

基本要求	内容
准确完整	在登记会计账簿时，应将会计凭证的填制日期、编号、业务内容摘要、金额和其他有关信息逐项记入账簿内，做到数字准确、摘要清楚、登记及时、字迹工整。并且，每项会计事项要同时登记总账和所属明细分类账
注明记账符号	账簿登记完毕后，要在记账凭证的记账栏内注明已经登账的符号，如"√"，表示该凭证涉及的会计信息已经登记到账簿中，避免出现重记或漏记问题
文字和数字必须清晰准确	在登记会计账簿时，文字和数字的书写要清晰准确，不能自行造字，不能使用谐音字，更不能用怪字体；汉字和数字的书写都要紧靠下框线，且汉字还要紧靠左框线，整个汉字和数字的大小占格子1/2高度为佳，以方便日后改错；金额栏内的数字要按规定书写，不得越格错位、参差不齐
顺序连续登记	在登记会计账簿时，要按账页编号顺序连续登记，不得跳行、隔页。若不小心发生跳行、隔页，应将空行、空页划线注销，或者注明"此行空白""此页空白"等字样，同时要由记账人员签名或盖章，不得随意更换或撤出账页，作废的账页要保留在账簿中
结出余额	需要结出余额的账户，结出余额后，应在借或贷栏内写明"借"或"贷"等字样；没有余额的，应在借或贷栏内写"平"字，并在余额栏内用"0"表示。现金日记账和银行存款日记账必须逐日结出余额
过次承前	每张账页登记完毕后，都需要结转下页继续登记。结转时，应在本页最后一行结出本页合计数和余额，并在摘要栏内注明"过次页"字样；然后在下一页的第一行摘要栏内注明"承前页"字样，并将上一页结出的合计数和余额抄写在对应的金额栏内。实际工作中，有时也可只填写下一页的"承前页"行次的内容

（3）账簿的重要作用

虽然会计凭证也能记录企业发生的各项经济业务的内容，但所记录的内容比较分散，不利于日后查阅。因此，为了给管理者、投资者和其他债权人等提供系统的会计信息，就需要借助账簿，把大量且分散的会计信息分类、汇总、归集整理成全面、连续且系统的会计资料。由此可见，会计账簿具有如图4-1所示的重要意义。

提供系统、完整的会计核算资料

财会人员可通过登记账簿，将大量且分散的会计凭证记录的会计信息加以归类整理，形成全面、连续且系统的会计资料，供企业管理者、外部投资者以及相关债权人等阅读使用。

为编制会计报表提供数据来源

企业定期编制的会计报表，其中的数据主要来源于前期登记的会计账簿，并且很多数据都可直接抄写到会计报表中，部分数据可根据总账和明细账计算填列，这样会节省财会人员登记账簿的时间，减轻工作量。

为企业内部的相关考核提供依据

会计账簿有总账和明细账之分，因此提供的核算资料具有总括性和细致性。细致性方面可为企业进行各种考核提供具体依据；总括性可为企业分析经济活动大致情况提供依据，有利于总结经验，发现问题，加强企业管理。

图4-1 账簿的重要意义

4.1.2 会计账簿的种类和使用

通过设置会计账簿可以建立账证、账账和账表之间的勾稽关系，可以检查、校正会计信息。会计账簿有不同的种类，应该选择哪种账簿呢？各账簿又是如何使用的呢？本节内容就来讲解账簿的种类和使用。

（1）账簿的分类

为了更好地登记和管理各种账簿，包括出纳人员在内的财会人员都必须了解账簿的分类情况。一般从账簿用途、外形和账页格式等划分依据出发，对账簿进行分类。

◆ 账簿按用途分类

账簿按其用途划分，一般分为序时账簿、分类账簿和备查账簿，有些还会分出一类联合账簿。其中，序时账簿也称日记账，被分为普通日记账和特种日记账；分类账簿概括反映资产、负债、所有者权益、费用成本、收入和利润等的增减变动情况，被分为总账和明细账。如表4-3所示的是这几种账簿的相关解释。

表4-3

种类		具体描述
序时账簿	普通日记账	用来登记企业全部经济业务。财会人员按照每日经济业务的发生时间的先后顺序，逐日、逐项编制会计分录，因而这种日记账又称通用日记账、分录日记账或分录簿。设置了普通日记账的单位，一般不再单独设置特种日记账，以免重复
	特种日记账	用来登记某一类经济业务的发生情况，如现金日记账、银行存款日记账等。登记时，将该类经济业务按其发生的时间先后顺序，逐日、逐项、连续地记入账簿中，反映其详细情况
分类账簿	总账	也称总分类账，是根据一级账户设置的账簿，用来核算经济业务的总括内容，有控制和统驭其所属明细账的作用
	明细账	也称明细分类账，是根据二级账户或明细账户设置的账簿，用来核算经济业务的明细内容，对总账记录的会计信息进行补充和具体化。因此，明细账的金额之和应与其对应的总账的金额相等
联合账簿		是指把日记账和分类账结合在一起的账簿。"日记总账"便是典型的联合账簿，但这类账簿在实际工作中使用较少
备查账簿		是对某些在日记账账簿和分类账账簿中未能记载或记载不全的事项进行补充登记的账簿，它可以为某些经济业务的内容提供必要的参考资料，如租入固定资产登记簿、商业汇票领用登记簿等

◆ 账簿按外形分类

账簿按其外形的不同可以分为订本式账簿、活页式账簿和卡片式账簿，具体介绍如表4-4所示。

表4-4

种类	具体描述
订本式账簿	指把许多账页装订成册的账簿。这种账簿账页固定，使用之前就已经装订成册，可避免账页散失或被抽换，比较安全。但它也有缺点，即同一本账簿在同一时间只能由一人登记，不能分工记账，这就会降低登账工作效率；另外，当账页总数和账簿中各账户预留账页数与实际需要量不一致时，会出现账页不足的问题，就会影响账户连续记录。相应地，账页会有多余的情况，又会造成浪费。因此，这种账簿一般适用于重要的、具有统驭性的总分类账、现金日记账和银行存款日记账等
活页式账簿	是把分散的账页装在活页夹内，并可以随时取放（增减）账页的账簿。这种账簿的账页可根据需要确定，登记方便，可同时由数人分工记账。但这种账簿的账页容易散失和被抽换，因此，使用时要为空白账页连续编号，并在账页上加盖有关人员的图章，以防弊端。会计年度终了，将其装订成册。活页式账簿一般适用于明细分类账
卡片式账簿	是将一定数量的卡片式账页装存于专设的卡片箱中，账页可以根据需要随时增添的账簿。这种账簿的优缺点与活页式账簿相同。在实际使用时，卡片上应连续编号并加盖有关人员的图章，卡片箱应由专人负责保管。卡片式账簿一般适用于固定资产等的明细账核算

◆ 账簿按账页格式分类

账簿按其账页格式划分，可分为两栏式账簿、三栏式账簿、多栏式账簿、数量金额式账簿和横线登记式账簿，各账簿的详细介绍如表4-5所示。

表4-5

种类	具体描述
两栏式账簿	账页中只有借方和贷方两栏。普通日记账通常采用此种账簿
三栏式账簿	设有借方、贷方和余额等栏次。适用于只进行金额核算的资本、债权债务明细账，如"应收账款""其他应收款"和"实收资本"等账户的明细分类核算
多栏式账簿	不仅设有借方和贷方两个基本栏次，还在这两个基本栏次中分设若干专栏的账簿。适用于收入、成本、费用、利润和利润分配等明细账，如"生产成本""制造费用""主营业务收入""主营业务成本"和"本年利润"等账户的明细分类核算

续上表

种类	具体描述
数量金额式账簿	不仅设有借方、贷方和余额这3个基本栏次，还在每个基本栏次中分设数量、单价和金额这3个小栏次，用以反映企业的财产物资数量和价值，适用于原材料和库存商品等存货明细账
横线登记式账簿	在同一张账页的同一行，记录某一项经济业务从发生到结束的相关内容

（2）账簿的设置和启用

每个单位都必须根据本单位的实际需要设置各种不同的账簿，那么，设置账簿时应遵循哪些原则呢？如图4-2所示。

 设置的账簿要能保证全面、系统地记录、反映和监督企业的经济活动情况，并为经营管理提供系统、详细的核算资料。

 企业应在节约人力和物力，同时满足实际经营需求的前提下，设置有关账簿，尽可能避免重复记账。

 企业要根据所记录的经济业务内容和所需提供的核算指标，设计账簿的格式，使其简便实用，尽可能避免工作上的重复和烦琐。

图4-2 账簿的设置原则

为了保证账簿的使用合法、合规，企业财会人员应按照相关规定启用账簿，做到相关负责人责任明确。不同的账簿，其具体使用规则如表4-6所示。

表4-6

账簿类型	使用规则
订本式账簿	应填写"账簿使用登记表"或"账簿启用表"，内容包括启用日期、账簿页数、记账人员和会计主管人员的姓名等，并加盖人名章和单位公章。会计人员变动时，应注明交接日期、交接双方和监交人的姓名，三方签字盖章。填写索引目录时，总账要按会计科目的装订顺序填写科目名称和启用页号

续上表

账簿类型	使用规则
活页式账簿	应制作封面和封底，并在封面上填写单位名称、账簿名称和所属会计年度。装订成册时，应撤去空白账页，并合计出总页数，填写在相应位置。制作索引目录，标明每个账户的名称和页次，并附上填写好的"账簿使用登记表"或"账簿启用表"。

对于记录实收资本和资本公积等的营业账簿，要在账簿的右上角粘贴印花税票，同时划线注销，表明已经缴纳了印花税。若使用缴款书缴纳印花税，则无需粘贴印花税票，直接在账簿右上角注明"印花税已缴"字样，同时注明缴款金额。

4.2 日记账的登记

日记账是一种原始的会计分录登记簿，记录每一项交易或事项的借贷科目及对应的金额。出纳人员在登记日记账时，需遵循"逐日逐笔登记，每日结出余额"的原则进行记账。

4.2.1 现金日记账的登记

现金日记账是特种日记账，记录的都是与现金收支有关的业务，因此必须采用订本式账簿，且账页格式一般为三栏式，记录"借方""贷方"和"余额"等对应的金额。现金日记账由出纳人员根据审核无误的现金收付款凭证进行登记，且必须逐日逐笔顺序登记。

但出纳人员要注意，为了避免重复记账，涉及从银行提取现金的业务只填制银行存款付款凭证，不再填制现金收款凭证，但这并不代表企业不涉及现金付款凭证。当员工向公司借支差旅费，或者有其他支出现金的业务，出纳人员还是需要填制现金付款凭证，只是在登记现金日记账时要注意，从银行提取现金的业务，要根据银行付款凭证登记现金日记账的“收入”。而将库存现金送存银行的业务，按正常登账规则，根据现金付款凭证登记现金日记账的“支出”。

每日终了，出纳人员要分别结计出现金收入和支出的发生额，以及账面余额，然后与库存现金实有数进行核对，保证账实相符。

（1）现金日记账的设置

企业出纳人员一般根据不同币种设置现金日记账进行明细分类账登记，常用的三栏式账页格式如图4-3所示。

现 金 日 记 账

年		凭证		对方科目	摘要	借方									贷方									余额									核对
月	日	种类	号数			百	十	万	千	百	十	元	角	分	百	十	万	千	百	十	元	角	分	百	十	万	千	百	十	元	角	分	

图4-3 三栏式现金日记账

除此之外，日记账的账页格式还有多栏式和收付分页式。

（2）现金日记账的启用和登记

由于现金日记账采用订本式，因此在启用登记前，应先填写《账簿启用表》和《经管人员一览表》，包括本单位名称、账簿名称和编号、启用日期、经管人员的姓名和职务，会计人员签名并加盖公章。涉及账簿交接工作的，还应注明接管或移交日期。这样，可保证账簿合法使用，且明确各负责人的经济责任。

出纳人员在登记现金日记账时，要牢记总体要求：专人登记、数字真实、表达准确、摘要简洁清楚、书写工整、内容完整、账款相符、登记及时、不重记或漏记、按期结账、按规定方法更正错账等。具体要求如表4-7所示。

表4-7

登账要求	具体描述
登账前复核收、付款凭证	由于现金收付款凭证是出纳登记现金日记账的依据，因此为了保证账簿登记的正确性，在登账前，出纳要认真复核现金收付款凭证。另外，实际工作中可能会存在注明"代记账凭证"字样的现金收付款凭证，经有关人员签章后也可作为登账依据
账簿内容和记账凭证一致	要把每张收付款凭证中的日期、编号、摘要、会计科目和金额等内容对应登记到现金日记账中，且逐笔分行登记，比如，出纳人员不能将同一天的现金收付业务登记在同一行，更不能以现金收付款的抵销差额进行登记。账簿登记完毕后，要逐项复核，确认无误后在现金收付款凭证的"核对"或"记账"栏标示符号"√"，表明该凭证已登记入账
逐笔登记，日清月结	每日每笔经济业务逐项登记到现金日记账中，反映现金的具体收付情况；当日结束后，结出现金账面余额，反映库存现金结余情况。对于现金收付业务频繁的单位，为了准确掌握现金收支情况，应随时结出余额。除了逐日结出余额外，每月月末出纳人员必须按规定结账，且最终不能出现贷方余额（或借方红字余额）
连续登记，不得跳行	每一张账页中登记的经济业务要按发生时间和凭证编号顺序且连续登记，这就要求出纳人员在前期填制收付款凭证时按日逐笔登记，不小心跳行的，应划线注销或注明"此行空白"字样；整个账簿中，账页应连续编号使用，不小心隔页的，应注明"此页空白"字样，以示作废，不能以任何理由撕去空页；整个会计年度内，账簿没有使用完时不得以任何理由更换账簿或重抄账页
使用蓝黑墨水书写	首先从用笔来说，要使用钢笔或签字笔，不能使用圆珠笔和铅笔；墨水方面，使用蓝、黑墨水书写，不得使用红色墨水，但按照红字更正法更正错账和会计制度规定可使用红字登记的业务，可用红色墨水记账

登账要求	具体描述
按规定方法 更正错账	为了保证日记账的合法性和有效性，账簿记录一般不得随意涂改。但如果确实发现账簿记录有误，也应按划线更正法、红字更正法或补充登记法等规定的方法及时更正错账，不能刮、擦、挖、补或用化学试剂清除错误记录

（3）现金日记账的核对

每一会计期间结账（即账簿结出余额）前，出纳人员必须对现金日记账进行核对，主要包括三大内容：现金日记账与有关现金收付款凭证的核对，即账证核对相符；现金日记账与现金总分类账期末余额的核对，即账账核对相符；现金日记账账面余额与库存现金实有数的核对，即账实核对相符。具体核对工作的内容如表4-8所示。

表4-8

项目	内容
现金日记账与 现金收付款凭 证核对	按照经济业务发生的先后顺序或者收付款凭证的编号顺序，与现金日记账的记录进行逐笔、逐项核对，具体核对收付款凭证的编号、摘要内容、会计科目名称、借贷方向以及金额等是否一致。在核对过程中，还要复核收付款凭证与原始凭证的记录是否一致，全方位保证现金日记账的登记是正确的。如果发现账簿记录有误，要查明原因，根据不同情况选择合适的更正方法更改错账
现金日记账与 现金总分类账 的核对	现金日记账和现金总分类账都是根据审核无误的现金收付款凭证登记的账簿，所以最终的借方合计、贷方合计和本期余额等都应该是一致的。但现金日记账在逐笔登记时，由于工作量大，难免会出错；而现金总分类账在汇总登记时，也容易出错。所以为了查看两者是否一致，就需要对它们进行核对，一般在月度终了结账前，由出纳人员提供现金日记账，看本月借方合计数、本月贷方合计数和本月余额是否与总账会计提供的现金总分类账记录的库存现金借方发生额合计、贷方发生额合计和余额分别相等

项目	内容
现金日记账与库存现金实有数的核对	出纳人员每天业务结束并结出库存现金余额后，要清点库存现金的实有数，看两者是否相等；如果存在当天来不及登记的现金收付款凭证，则应按"库存现金实有数+未记账的现金收款凭证金额−未记账的现金付款凭证金额=现金日记账账面余额"公式计算核对。两种情形下核对相符，说明现金日记账没有错误；若不相符，说明现金日记账登记有误，或现金收付时出了错，应立即向本单位会计负责人报告，查明出错的原因，并做相应的更正

实账处理 登记2019年5月8日、9日的现金日记账

2019年5月8日和9日，甲公司发生以下现金收支业务。

①2019年5月8日，记第3号凭证。出纳取出现金3 000元作为备用金。

借：库存现金　　　　　　　3 000

　　贷：银行存款　　　　　　　3 000

②2019年5月8日，记第4号凭证。付员工李某报销培训费1 200元。

借：管理费用——培训费　　　1 200

　　贷：库存现金　　　　　　　1 200

③2019年5月9日，记第6号凭证。付员工借备用金1 000元。

借：其他应收款——备用金　　1 000

　　贷：库存现金　　　　　　　1 000

④2019年5月9日，记第7号凭证。付员工报销差旅费500元。

借：管理费用——差旅费　　　500

　　　　贷：库存现金　　　　　　　　　500

　　出纳复核这两天的现金业务的所有附件与金额，逐笔登记现金日记账，如图4-4所示。

现金日记账

2019年		凭证		对方科目	摘要	借方									贷方									余额									修对
月	日	种类	号数			百	十	万	千	百	十	元	角	分	百	十	万	千	百	十	元	角	分	百	十	万	千	百	十	元	角	分	
5					承前页余额																				1	3	5	0	0	0	0	0	√
5	8	记	003	银行存款	取现作为备用金			3	0	0	0	0	0	0											1	6	5	0	0	0	0	0	√
5	8	记	004	管理费用	支付公司员工报销费												1	2	0	0	0	0		1	5	3	0	0	0	0	0	√
5	8				本日合计			3	0	0	0	0	0	0			1	2	0	0	0	0		1	5	3	0	0	0	0	0	
5	9	记	006	其他应收款	支付员工备用金												1	0	0	0	0	0		1	4	3	0	0	0	0	0	
5	9	记	007	管理费用	支付公司员工报差旅费													5	0	0	0	0		1	3	8	0	0	0	0	0	
5	9				本日合计												1	5	0	0	0	0		1	3	8	0	0	0	0	0	

图4-4　现金日记账

4.2.2　银行存款日记账的登记

　　银行存款日记账与现金日记账一样，也是特种日记账，记录的都是与银行存款收付有关的业务，因此也必须采用订本式账簿，且常用的格式也为三栏式，记录"借方""贷方"和"余额"等对应的金额。银行存款日记账由出纳人员根据审核无误的银行存款收付款凭证进行登记，也必须逐日逐笔顺序登记。

　　注意，无论是企业将多余的库存现金送存银行，还是银行收到外单位汇入本单位账户的款项等业务，出纳人员都应根据银行存款收款凭证登记银行存款日记账的"收入"；无论是出纳人员从银行提取现金，还是通过本单位银行账户向外单位支付款项等业务，都应根据银行存款付款凭证登记银行存款日记账的"支出"。

　　每日终了，出纳人员应结计出银行存款的借方发生额合计数、贷方发生额合计数和账面余额数，然后定期与银行传来的银行对账单进行核对，保证账实相符。

（1）银行存款日记账的设置

出纳人员应按不同币种设置银行存款日记账，进行明细分类登记，常用的三栏式账页格式与现金日记账的三栏式账页格式基本相同，只是账簿名称为"银行存款日记账"，如图4-5所示。

银 行 存 款 日 记 账																																

开户行

账　号

2019年		凭证		对方科目	摘要	借方									贷方									余额									核对
月	日	种类	号数			百	十	万	千	百	十	元	角	分	百	十	万	千	百	十	元	角	分	百	十	万	千	百	十	元	角	分	

图4-5 银行存款日记账

除了三栏式，银行存款日记账的账页格式也有多栏式和收付分页式。银行存款日记账的登记规则和前述现金日记账的登记规则基本相同，这里不再赘述。

（2）银行存款日记账的核对

银行存款日记账的核对内容也有3个，即账证、账账和账实核对相符。其中，账证和账账核对工作与现金日记账的账证、账账核对工作相似，即银行存款日记账与银行存款收付款凭证核对相符；银行存款日记账与银行存款总分类账核对相符。银行存款的这两项核对内容可参考现金日记账对应项的核对内容，这里主要了解银行存款日记账的账实核对。

银行存款账实核对中的"实"指的是银行对账单上记录的银行存款数额，因此账实核对就是银行存款日记账与银行对账单核对相符。在实际工作中，银行存款日记账至少应每月核对一次，主要核对凭证种类、编号、开户行行名和账号、登记日期、摘要内容、会计科目、借贷方向以及金额等是否一致。为了保证记录准确无误，出纳人员要逐日逐项核对，核对相符的，用符号"√"在银行存款日记账的核对栏进行标识，表明该项业务已核对相符并登记入账。

但由于银行实际收到或支付款项的时间与向企业发送收款或付款通知的时间经常不一致，因此，在实际工作中，出纳人员会发现银行存款日记账的记录与银行对账单的记录不相符，这种情况称为存在"未达账项"，需要通过编制"银行存款余额调节表"进行调节，再核对是否相符。若相符，则说明银行存款日记账的记录没有错误；若不相符，则说明银行存款日记账可能发生了记录错误或计算错误，需要及时查明原因，并做相应处理。

实账处理 登记2019年5月8日、9日的银行存款日记账

2019年5月8日、9日，甲公司发生以下关于银行收支的业务。

①2019年5月8日，记第3号凭证。出纳取出现金3 000元作为备用金。

借：库存现金 3 000

　贷：银行存款 3 000

②2019年5月8日，记第5号凭证。收到一笔短期借款100 000元，存入银行。

借：银行存款 100 000

　贷：短期借款 100 000

③2019年5月9日，记第7号凭证。收到营业款5 000元（假设不涉及税费）。

借：银行存款 5 000

　贷：主营业务收入 5 000

④2019年5月9日，记第8号凭证。购入一批货物，共计8 000元（假设不涉及税费）。

借：库存商品 8 000

　贷：银行存款 8 000

　　⑤2019年5月9日，记第10号凭证。付给供应商上月所欠货款3 000元。

　　借：应付账款　　　　　　　　　　　　3 000

　　　　贷：银行存款　　　　　　　　　　　3 000

　　出纳人员复核这两天的银行存款业务的所有附件和金额，逐笔登记银行存款日记账，如图4-6所示。

图4-6　银行存款日记账

4.3　总分类账的登记

　　总分类账即总账，该账簿登记企业的全部经济业务，因此提供的是总括性的会计资料。它与明细分类账相对，明细分类账登记的是各个账户的明细数据，提供的是具体的会计信息。总分类账和明细分类账都是编制财会报表的依据，任何单位必须设置总分类账和明细分类账。本节主要介绍总分类账的登记工作。

　　总分类账一般采用订本式账簿，常用的账页格式为三栏式，即"借方""贷方"和"余额"。如果是日记总账这样的联合账簿,则采用多栏式账页格式。不同的账务处理程序中,总分类账的登记依据和方法是不同的。除了本书3.2.4节所讲的记账凭证账务处理程序外,还有科目汇总表账务处理程序和汇总记账凭证账务处理程序。下面就通过学习后面两种账务处理程序,来了解总分类账的登记工作。

◆ 科目汇总表账务处理程序

科目汇总表账务处理程序又称记账凭证汇总表账务处理程序。它是根据记账凭证定期编制科目汇总表,再根据科目汇总表登记总分类账的一种账务处理程序。相关步骤如图4-7所示。

第一步:编制记账凭证

根据原始凭证或原始凭证汇总表编制收款凭证、付款凭证和转账凭证,或者编制统一的记账凭证。为了便于编制科目汇总表,所有记账凭证中的科目对应关系最好按一个借方科目和一个贷方科目相对应;转账凭证最好一式两份,以便分别归类汇总借方科目和贷方科目的本期发生额。由此可见,该账务处理程序有限制。

第二步:登记现金日记账和银行存款日记账

根据收款凭证和付款凭证登记现金日记账和银行存款日记账。如果使用的是通用记账凭证,则需筛选出与现金和银行存款有关的凭证登记这两本账簿。

第三步:登记各种明细账

根据原始凭证、原始凭证汇总表和各种记账凭证登记各种明细账。明细账的账页格式根据对应账户的性质从三栏式、数量金额式和多栏式中挑选合适的使用。

第四步:编制科目汇总表

根据各种记账凭证编制科目汇总表。编制的时间间隔可以是10天,也可以是15天或者是一个月。

第五步:登记总分类账

根据编制好的科目汇总表登记总分类账。

第六步:对账并编制财会报表

定期将现金日记账余额、银行存款日记账余额和各种明细账余额合计数与总分类账中有关账户的余额进行核对。再根据总分类账和明细账的记录编制会计报表。

图4-7 科目汇总表账务处理程序

科目汇总表账务处理程序的优缺点及适用范围如表4-9所示。

表4-9

项目	内容
优点	大大减少了登记总账的工作量；科目汇总表能起到发生额试算平衡的作用
缺点	科目汇总表只反映各会计科目的借、贷方发生额，因此，据以登记的总账也就不能反映各账户之间的对应关系
适用范围	适用于规模较大、经济业务量较多的大中型企业

◆ 汇总记账凭证账务处理程序

汇总记账凭证账务处理程序是根据记账凭证定期填制汇总收款凭证、汇总付款凭证和汇总转账凭证，再根据这些汇总记账凭证登记总分类账的一种账务处理程序。相关步骤如图4-8所示。

汇总记账凭证账务处理程序

- 根据原始凭证或原始凭证汇总表编制收款凭证、付款凭证和转账凭证，或者直接编制通用记账凭证。
- 根据收款凭证、付款凭证登记现金日记账和银行存款日记账。
- 根据原始凭证、原始凭证汇总表或记账凭证登记各种明细账。
- 根据汇总收款凭证、汇总付款凭证和汇总转账凭证等汇总记账凭证登记总分类账。
- 月终，将现金日记账余额、银行存款日记账余额及各种明细分类账余额合计数与总账中的相关账户的余额进行核对。再根据总分类账和明细账的记录编制会计报表。

图4-8 汇总记账凭证账务处理程序

看了汇总记账凭证账务处理程序的基本步骤后，下面再来了解该账务处理程序的优缺点及适用范围，如表4-10所示。

表4-10

项目	内容
优点	1.在该账务处理程序中，采用的是专用记账凭证和通用记账凭证。汇总记账凭证采用的是按会计科目对应关系进行分类汇总的方法编制，能清晰地反映出有关会计科目之间的对应关系； 2.在该账务处理程序下，可以依据汇总记账凭证上有关账户的汇总发生额，在月份中期或月末一次性登记总分类账，因此大大减轻了登记总分类账的工作量
缺点	1.在该账务处理程序下，出纳人员先要对发生的经济业务填制专用记账凭证，接着要对这些凭证进行分类汇总，形成汇总记账凭证。在汇总记账凭证的编织过程中，工作量很大； 2.汇总记账凭证无法体现数据之间的对应关系，因此，若编制汇总记账凭证的过程中出错，无论是汇总错误，还是登记错误，都很难被发现
适用范围	适用于规模较大、经济业务较多或专用记账凭证比较多的单位

4.4 查找错账

　　由于日常工作繁杂，包括出纳人员在内的所有财会人员在记账、登账时都可能出错。若没有及时发现这些错误，事后再来查错账，就会很费力。财会人员不仅要在记账、登账时严谨、仔细，还要在不小心记错账之后，掌握一定的错账查找方法，提高查找效率，为会计核算工作赢得更多的时间。

4.4.1 错账的产生原因

错账即记账、登账过程中形成的错误账目，它的出现与财会人员的工作质量密切相关，工作越仔细，出错的可能性越小。但错账并不能百分之百被规避，人无完人，财会人员总会因为各种原因而记错或登错账。

之所以能判定某个账目出错，很大程度上是因为发现了发生额或余额等不平衡。而造成错账的原因有很多，常见的是重记或漏记经济业务，金额数字之间颠倒、错位或者纯粹记错，会计科目用错以及借贷方向不正确等。那么，哪些环节的账目容易出错呢？如表4-11所示。

表4-11

账目错误类型	产生原因
记账凭证错误	填制记账凭证时将会计科目记错，或者科目的借贷方向记错，或者科目对应的金额记错，从而导致账簿登记出错
登记账簿错误	记账凭证的填制是正确的，而在将记账凭证的内容登记到账簿中时发生错误，如记错会计科目、借贷方向或金额，或是结计发生额合计数和余额时出错
记账凭证和账簿均有错误	填制记账凭证时已经出错，而在登记账簿时又没能及时发现这些错误，进而导致账簿登记出错。这种错账最难查找，一般非常耗时，且容易衍生出新的错账

4.4.2 查找错账的方法

在工作中经常发生的错账是有规律可寻的，不同类型的错账可采用不同的查账方法，比如除二法、除九法和差额法等。

（1）除二法

将经过试算平衡后借贷方发生额合计数的差额或者借贷方余额合计数的差额除以2，通过所得的商数查找错账的方法，即除二法。这样查出来的错账一般是借贷方金额记错的情况，比如错将借方金额计入贷方，或错将贷方金额计入借方，导致一方合计数多，另一方合计数少，此时差额（一般为偶数）除以2所得的商数就是差错数。

实账处理 除二法查错账

2019年6月8日，原有库存商品34 200元，又入库12 300元，应在"库存商品"账户借方登记12 300元，期末余额应是借方46 500元。但财会人员将12 300计入了"库存商品"的贷方，致使"库存商品"期末余额借方只有21 900元，使科目汇总表的借贷方合计数不相等，且相差24 600元。

解析：错账差额24 600元为偶数，用这个差额数字除以2，商数是12 300元，便是该差错数。查找时应注意看有无12 300元的业务记反了金额方向。这里就是库存商品记错方向的12 300元错账。

（2）除九法

除九法是指用试算平衡后出现的发生额合计数或余额合计数的差数除以9，根据商数查找错账的方法。此法适用于查找邻数倒置和数字错位引起的差错。

◆ 邻数倒置（即数字位数互换）

邻数倒置后，利用除九法所得的商数的位数将决定互相倒置的位数，也就是说，当所得商数位数为一位，如1、2、3、4、5、6、7、8、9时，即差数是9、18、27、36、45、54、63、72、81，此时说明错账是个位数与十位数之间倒置了；当所得商数位数为两位，如10、20、30、40、50、60、70、80、90时，即差数是90、180、270、360、450、540、630、720、810，此时说明错账是百位数与十位数之间倒置了；以此类推，当所得商数位数为三位时，说明错账是千位数与百位数之间倒置了。由于后面几种情况下，个位数没有错误，因此差数的个位数均为0，不会出现11、21、31、101、201和301等这样的商数。

而商数的大小决定倒置数字之间的差额大小，如商数为1、10、100、1 000等，说明倒置数字之间相差1，如12和21、120和210、1200和2100、12 000和21 000等；如商数为2、20、200、2 000等，说明倒置数字之间相差2，如31和13、310和130、3 100和1 300、31 000和13 000等，以此类推。

实账处理　除九法查邻数颠倒的错账

出纳人员记账时，将688误记为868。

解析： 月末编制的科目汇总表出现借贷方差额180，初步判定其可被9整除，符合除九法查错账的条件。首先用差额除以9，得商数20，判断百位数与十位数倒置，且倒置的两数之差是2，可推测百位数和十位数为13、24、31、35、42、46、53、57、64、68、75、79、86、97等的数据发生错账，再根据所发生的经济业务找到688记为868的错账。

◆　数字错位

数字错位与邻数倒置有很大的区别。在数字错位的情况下，位数可能发生变化，且每个位数上的数字都发生错误。如万位数记到千位数上，千位数记到百位数上，百位数记到十位数上，十位数记到个位数上，导致整个数据少了一位数。这种错账导致的差额也能被9整除，也可通过商数查错账。

两位数记成一位数，如10记成1，20记成2，30记成3等，会导致资产负债表两边合计数相差9、18、27等，利用除九法得出商数1、2、3等，这与十位数和个位数倒置的情况类似；三位数记成两位数，如100记成10，110记成11，120记成12等，会导致资产负债表两边合计数相差90、99、108

等，利用除九法得出商数10、11、12等，以此类推。数字错位时，两位数记成一位数，差额被9整除后的商数为一位数；三位数记成两位数，差额被9整除后的商数为两位数；四位数记成三位数，差额被9整除后的商数为三位数。所有这些商数就是错位后的较小数。

实账处理　除九法查数字错位的错账

出纳人员记账时，将4 870元误记成是487元。

解析： 月末编制出的资产负债表借贷方有差额4 383元，初步判断其可被9整除，符合除九法查错账的条件。首先用差额除以9，得商数487，判断四位数记成三位数，且记成的三位数为487。因此就可以在账簿上查找是否有487的记录，快速查到错账。

（3）差额法

差额法是指直接根据账账之间的差额在有关账户与记账凭证中查找错账的方法。若账面实记金额小于应记金额，可能是遗漏记账；若账面实记金额大于应记金额，可能是重复记账。因此，这种方法适用于查找遗漏记和重复记账的错账。

实账处理　差额法查错账

财会人员结账前，发现现金日记账余额与现金总账的余额不一致，两者相差1 005元。经查账，当月有8笔金额为1 005元的业务，于是猜想可能发生了漏记或者重记问题。

解析： 可直接将现金日记账的账面余额与现金总账中库存现金账户的余额进行核对，通过差额逐一查找。

（4）查找错账的其他方法

除了以上几种较常见的错账查找法，还有其他错账查找方可查找出一些不太有规律的错账。具体介绍如表4-12所示。

表4-12

错账查找方法	简要描述
象形法	指根据数字之间形状相似查找错账的方法，在判断具体错账时，可通过象形数字之间的差数来查： 1.错账之间差数为1，可能是0和1，2和3，5和6等象形差错； 2.错账之间差数为2，可能是3和5，7和9等象形差错； 3.错账之间差数为3，可能是6和9象形差错； 4.错账之间差数为4，可能是3和7象形差错； 5.错账之间差数为5，可能是1和6，2和7，3和8等象形差错； 6.错账之间差数为6，可能是0和6，1和7等象形差错； 7.连续几个数字相同的数据，易发生少记或多记一位同数，比如44 777容易误记成4 477或4 777等，这样的错账只能根据猜测进行判断查找
追根法	一般用在确定本期发生额正确无误，但账目就是不平的情况。这样的错账很可能是上期结转时出错，因此需要采用追根法查找上一会计期间的账目
母子法	若发现账目之间数据不相符，且利用前述所有方法都没有查出错账时，可利用母子法，即以某科目的总账借、贷金额为分母，本科目记入明细分类账的各借、贷金额之和为分子，相除得1的，说明账目基本正确；若不为1，则说明该科目分类账有误，着重检查该科目的总账和明细分类账
顺查法	有些错账在利用前述常用的和特殊的方法进行查找后，依然无法找出时，很可能是发生了多笔错账。这时，财会人员只能使用顺查法，同时结合前述各种方法，逐笔检查账目。检查时，为了避免重复检查再次带来错账，一般在查对一笔账以后做一个标记

在综合利用各种错账查找法时，先判断错账最可能的原因，然后采取对应的查错账方法逐步排除各种错账原因，直至利用查错账方法找出错账的原因和具体的错账位置。

4.5 更正错账的方法

当检查出错账以后，就得对错账进行修改。修改错账的方法有划线更正法、红字更正法和补充登记法，财会人员应在不同的情况下选择不同的修改方法。

4.5.1 划线更正法

划线更正法是指直接用划线的方式在原来的会计记录上进行错账更正的一种方法，它主要适用于如下两种错账情形。

◆ 在登记账簿前发现的记账凭证上的文字或数字错误。

◆ 结账前，发现账簿登记中有文字或数字错误，且记账凭证无误。

也就是说，财会人员在登记账簿或结账时，若发现记账凭证或账簿等有文字错误，则可以直接在错误的文字上划一条长短合适的红线，并在划线上方书写正确的记录；若发现记账凭证或账簿等有数字错误，应将某一个数据全部用红线划销，不能只划销某个数据中的错误数字。更正错账后，经办人员要在划线的位置盖上自己的名章。无论是划销文字还是数字，都应保证原字迹还能辨认。

实账处理 更正账簿上的错误

财务人员在复核账簿数据时，发现现金日记账金额有误，经查发现是2019年6月1日9号记账凭证对应的记录填写错误。该业务是付王某报销差旅费400元，凭证填写无误，只是登记账簿时，数字和文字写错了，其会计分录如下所示。

借：管理费用——差旅费　　400

　　贷：库存现金　　400

登记现金日记账时将金额误写成4 000元。因为会计凭证无误，可以用划线更正法改正现金日记账上的金额，如图4-9所示。

现金日记账

2019年		凭证		对方科目	摘要	借方	贷方	余额	核对
月	日	种类	号数			百十万千百十元角分	百十万千百十元角分	百十万千百十元角分	
					承前页余额		张会计	1 2 5 0 0 0 0	✓
6	1	记	9	管理费用	付王某报差旅费		4 0 0 0 0 ~~4 0 0 0 0 0~~	1 2 1 0 0 0 0 ~~1 6 5 0 0 0 0~~	

图4-9 划线更正法

4.5.2 红字更正法

红字更正法是指需要用红字编制凭证来冲销错账的方法，它具体有两种处理情形：一是会计科目没有错误，只是所记金额大于应记金额，这时可直接用红字编制一张与错账凭证的会计分录相同的凭证，红字金额为多记的金额；也可先用红字编制一张与错账凭证完全相同的凭证，全部冲销，再用蓝字编制一张正确的凭证。二是会计科目、借贷方向和金额等均有错误，此时可参照第一种形式的第二种方法。无论采用哪种方法，红字凭证的摘要栏中均要注明“注销×年×月×日第×号凭证×元”的字样。

实账处理　红字更正法更正错误的会计科目和金额

某材料供应商2019年7月1日销售一批原材料，记第5号凭证，价款73 789元（含税），银行收讫。该批原材料成本为39 850元。

企业最初填制的记账凭证如图4-10所示，会计分录如下。

借：银行存款　　　　　　　　　　　　　　73 789

　　贷：原材料　　　　　　　　　　　　65 700

　　应交税费——应交增值税（销项税额）　8 089

图4-10　原来的错误记账凭证

该账务处理中，把误把原材料供应商生产的库存材料作为"原材料"记账。同时，将原材料不含税价款65 300元（73 789÷1.13）误记成65 700元。因此，需要用红字更正法改错账，具体操作如下所示。

首先用红字编制一张与原错误凭证完全相同的凭证，如图4-11所示。会计分录如下。

图4-11　红字记账凭证

借：银行存款　　　　　　　　　　　　　　73 789（红字）

贷：原材料　　　　　　　　　　　　　　65 700（红字）

应交税费——应交增值税（销项税额）8 089（红字）

再用蓝字编制一张正确的记账凭证，如图4-12所示。会计分录如下。

借：银行存款　　　　　　　　　　　　　73 789

贷：库存商品　　　　　　　　　　　　　65 300

应交税费——应交增值税（销项税额）　　8 489

记 账 凭 证

2019 年 7 月 1 日　　　　　　　　　　字第 5 号

摘要	总账科目	明细科目	借方金额 千百十万千百十元角分	贷方金额 千百十万千百十元角分	附件
销售商品一批	银行存款		7 3 7 8 9 0 0		2 张
销售商品一批	库存商品			6 5 3 0 0 0 0	
销售商品一批	应交税费	应交增值税		8 4 8 9 0 0	
备注：订正2019年7月1日第5号凭证					
合计（大写）柒万叁仟柒佰捌拾玖元整			¥ 7 3 7 8 9 0 0	¥ 7 3 7 8 9 0 0	
会计主管 ××	记账 ××	出纳 ××		制单 王会计	

图4-12 蓝字记账凭证

红字更正法适用的两种情形均是在记账（登记账簿）后发现的错账，其处理办法的对比如表4-13所示。

表4-13

错账类型	具体描述
科目或记账方向错误	记账后发现凭证中的借贷会计科目或记账方向等有错误，先用红字填制一张与原凭证完全相同的记账凭证，并在摘要栏注明"注销×年×月×日第×号凭证"字样，冲销原错误记录，再以红字金额登记账簿，最后用蓝字填制一张正确的凭证，在摘要栏注明"订正×年×月×日第×号凭证"字样，正常入账
科目无误但金额记大	记账后发现凭证和账簿中的会计科目正确，而所记金额大于应记金额，可直接将多记金额用红字填制一张与原会计分录相同的凭证，并在摘要栏注明"冲减×年×月×日第×号凭证多记金额×元"字样，据以入账

4.5.3 补充登记法

补充登记法顾名思义就是对以前的错账进行补充登记的一种更正方法。因此，该方法主要用于记账后发现原记账凭证和账簿的会计科目与借贷方向等没有错误，只是所记金额小于应记金额的错账。

用补充登记法更正错账时，直接用蓝字编制一张会计分录与原少记了金额的会计分录相同的凭证，且金额为少记金额，也用蓝字书写，同时在补记的蓝字凭证的摘要栏注明"补记×年×月×日第×号凭证少记金额×元"字样，并据以登记账簿。

实账处理 补充登记法更改错账

某公司2019年4月30日购入一批化肥980元，用银行存款付讫。财会人员误将2019年4月30日第15号记账凭证记成了890元，会计分录如下，填制的记账凭证如图4-13所示。

借：原材料　　　　　　　　　　　　　　890

　　贷：银行存款　　　　　　　　　　　　890

记　账　凭　证

2019 年 4 月 30 日　　　　　　　　字第 15 号

摘要	总账科目	明细科目	借方金额										贷方金额										附件
			千	百	十	万	千	百	十	元	角	分	千	百	十	万	千	百	十	元	角	分	
付购买化肥款	原材料						8	9	0	0	0												2
付购买化肥款	银行存款																8	9	0	0	0	张
合计（大写）捌佰玖拾元整							¥	8	9	0	0	0					¥	8	9	0	0	0	

会计主管　　　　　　记账　王会计　　　　　出纳　　　　　制单　王会计

图4-13　购买化肥的错误记账凭证

这种情况是所记金额小于应记金额，可采用补充登记法登记少记的金额90元（980-890），在摘要栏注明"补记2019年4月30日第15号凭证少记金额90元"字样。会计分录如下所示，编制的会计凭证如图4-14所示。

借：原材料   90

贷：银行存款   90

记　账　凭　证

2019 年　4 月　30 日 　　　　　　　字第 16 号

摘要	总账科目	明细科目	借方金额 千百十万千百十元角分	贷方金额 千百十万千百十元角分	
付购买化肥款	原材料		9 0 0 0		附件
付购买化肥款	银行存款			9 0 0 0	3
					张
备注：补记2019年4月30日第15号凭证少记金额90元					
合计（大写）玖拾元整			￥9 0 0 0	￥9 0 0 0	

会计主管　　　　　　记账　王会计　　　　　出纳　　　　　　制单　王会计

图4-14 补记金额的记账凭证

4.6　及时结账

结账是指将本期所有经济业务对应的发生额结计出借方和贷方的发生额合计数，并同时结计出相应账户的期末余额的会计工作。另外，收入、费用和利润等科目之间的结转也属于结账工作的内容，由此结计出当期经营活动实现的净损益。

◆ 结账的内容

结账工作的内容可概括为填制结转凭证、完善账簿登记以及结出各账户对应的借方发生额合计、贷方发生额合计和期末余额等，具体内容如图4-15所示。

结账的内容

- 检查账簿登记是否正确，若存在调账的情况，要先调整好账目才能开始结账工作；若账簿登记完全正确，则可开始结账。
- 对于应计而未计、多计、少计以及错计等错账进行调整，该计收入的计收入，该计费用的计费用。
- 结转本期主营业务收入、主营业务成本、销售费用、管理费用和税金及附加等损益类账户的金额，核算本年盈利情况。
- 结计出各账户的借方和贷方发生额合计数和期末余额数。
- 对需按月或按季结出余额的账户，结计出本月合计数和本季合计数。年结时，结计出本年累计数，并将余额结转至下年对应账户的账簿中。

图4-15 结账的内容

◆ 结账的方法

不同账户的结账工作是有差别的，具体如表4-14所示。

表4-14

账户类型	结账方法
不需结出本期发生额的账户	每登记一笔账，都要结出余额，最后一笔账的余额即为月末余额，月末时，只需在最后一笔账的下方划通栏单红线，不需再结计月末余额
需要结出本期发生额的账户	现金日记账、银行存款日记账及其他需要按月结计借贷方发生额的账户，除了每笔账登记后要结出余额外，月末还要在最后一笔账下方先划通栏单红线，再结计出本月合计数，包括借方发生额合计和贷方发生额合计，同时照抄最后一笔账登记后的账户余额，并在"本月合计"行下划通栏单红线

续上表

账户类型	结账方法
需结记"本年累计"的账户	结账时，应在"本月合计"行下再结计出年初起至本月末止的累计发生额，摘要栏注明"本年累计"字样，并在该行下划通栏单红线，结计出借方本年累计发生额和贷方本年累计发生额，同时结计出到本月末止账户的余额。若是12月末的"本年累计"，则该行下应划通栏双红线
总账账户	平时只结计出月末余额，不结计借贷方的发生额合计数，年终结账时应结计出账户全年的发生额合计与年末余额，并在摘要栏注明"本年合计"字样，在该行下划通栏双红线

年度终了结账时，有余额的账户，要将其余额结转到下一会计年度，并在摘要栏内注明"结转下年"字样；在下一会计年度新建的有关会计账簿的第一行余额栏内填写上年结转的余额，并在摘要栏内注明"上年结转"字样。这种年度余额之间的结转不需要编制记账凭证，也不需要将余额再计入相应账户的借方或贷方而使有余额的账户余额变为零，这样容易混淆有余额账户和无余额账户的区别。

◆ 结账应注意的事项

概括而论，在实际工作中，结账工作要注意如表4-15所示的4点注意事项。

表4-15

注意事项	内容
结账方法	不同的账户，根据需要，选择合适的结账方法
如何划线	无论是月结划线还是年结划线，都必须使用红线，且划通栏，而不应只在金额栏部分划线。月结划单红线，年结划双红线
账户余额的填写方法	需要月结的账户，要单独在最后一笔账的下一行结计出本月合计，同时结计出本月借方发生额合计、贷方发生额合计和期末余额；需要结计出本年累计发生额的账户，还应在"本月合计"行的下一行结计出本年累计，同时结计出年初到本月末止的本年借方累计发生额、贷方累计发生额和期末余额
能否用红字结账	结账时出现的负数余额可用红字在余额栏登记，但如果余额栏前有"借或贷"栏，则应在"借或贷"栏内注明余额方向，同时余额栏数字不能再用红字，而用正常做账的蓝黑墨水书写

第5章

轻松掌握现金管理
和现金收付

　　开户单位之间的资金往来，除了条例规定的可以使用现金的范围以外，应当通过开户银行进行转账结算。而可以使用现金结算的包括工资、专门工资报酬、奖金和差旅费等。

5.1　现金如何管理

在企业管理中，现金一般指库存现金。为了保证日常经营活动正常、有序地进行，同时应付其他日常急需，防止出现资金链断裂的危机，企业应时刻持有充足且适量的现金，并且做好现金的管理工作，使现金发挥其易变现的作用。

5.1.1　现金管理概述

对企业来说，现金管理通常指库存现金管理。而库存现金是指企业持有的、流动性很强的、存放在企业内部由专门的出纳人员管理的货币资金。根据币种的不同，现金可分为人民币现金和外币现金，企业所称的现金与会计核算中的"库存现金"科目的内容是一致的。

由于现金是实物资产，使用方便的同时，也容易丢失，因此，企业需要加强对现金的管理。

（1）库存现金管理的基本规定

很多企业在库存现金管理方面还存在一些问题，如随意使用、坐支现金和私设"小金库"等。在实际工作中，出纳人员要遵循如表5-1所示的现金管理基本规定。

表5-1

规定	内容
严格遵守库存现金限额	各单位必须严格按照银行核定的库存现金限额保管库存现金，即超出限额的现金必须及时送存银行，而如果低于限额的，可向银行提取现金，不得将当日现金收入用来补足现金限额，这样做就是"坐支现金"，是违反现金管理规定的

续上表

规定	内容
严禁私设"小金库"	"小金库"是指不在本单位财会部门列支列收,私自在单位库存之外保存现金和银行存款。私设"小金库"本身是一种侵占、截留和隐瞒国家与单位收入的违法行为,会给其他违法乱纪行为作出"指引",进而扰乱各单位的正常现金收支活动。因此,相关机构明令禁止各单位私设"小金库"
严禁用"白条"抵库	"白条"是指不符合财务制度和相关规定的字条和单据,而"白条"抵库是指用这些不合规的字条和单据代替合法单据,从而私自挪用库存现金或贪污公款。若有"白条"抵库,就会造成库存现金实有数比应有数少,影响正常现金业务的开支,从而使现金收付业务不能及时处理,账目混乱。另外,如果"白条"丢失,则会造成单位的实际损失
单位现金不准以个人名义存入银行	很多企业以及个人利用单位公款私存,形成账外"小金库"或获取利息收入,损害单位利益。因此,为了防止这样的事情发生,相关制度明文规定单位现金不准以个人名义存入银行,一旦被银行发现,且情节严重的,单位现金可能被冻结
加强安全防范,确保现金的安全和完整	除工作时间需要的少量现金可临时放在出纳人员的办公桌抽屉里,其他现金都应保存在单位的保险柜中,不能随意存放;出纳人员不能携款回家;个人现金不能放置在单位的保险柜中与单位现金混在一起;单位现金不能借给私人使用;出纳人员从银行提取现金或将现金送存银行时要做好安保措施
现金收支两条线	各单位的现金管理实行收支两条线,不准"坐支现金"
现金管理的"八不准"	1.不准用不符合财务制度的凭证代替库存现金; 2.不准单位之间互相借用现金; 3.不准谎报用途套取现金; 4.不准利用银行账户替其他单位或个人存入或支取现金; 5.不准将单位收入或持有的现金以个人名义进行储蓄; 6.不准保留账外公款; 7.不准发生变相货币; 8.不准以任何票券代替人民币在市场上流通

（2）库存现金限额的核定管理

为了保证现金的安全，《现金管理暂行条例》及其实施细则规定各地开户行根据当地的经济水平和各单位自身的业务需求，对单位进行库存现金限额核定。

凡是在银行开户的单位，银行会以各单位3～5天的日常零星开支数额作为其库存现金的限额。而边远地区和交通不便地区的开户单位，其库存现金限额可放宽在5天日常零星开支以上，但最多不超过15天的日常零星开支需求。

（3）现金怎样送存银行

按照规定，各单位因日常经营业务收取的现金应在收取当日及时送存银行，不得直接补充不足现金限额的库存现金，而库存现金低于限额的，一般应从银行提取现金进行补充。若出纳人员当日收到的现金无法送存银行，或送存有困难的，向单位的开户行说明情况，由银行确定送存时间。如表5-2所示的是单位出纳人员送存现金的基本程序。

表5-2

基本程序	具体描述
整理现金	出纳人员将现金送存银行前，应对其进行分类整理。首先按币种分类，纸币平铺整理，硬币垒堆整理；其次分别将纸币和硬币按票面或币面金额分类，同一面值的纸币每100张捆扎成一把，每10把捆扎成一捆，同一面值的硬币每100枚包成一卷，每10卷捆为一捆
填写《现金送款簿》	在整理现金的过程中，出纳人员要核算出需送存银行的现金总金额。整理完毕后，根据各币种、各面值的现金金额明细，按规定格式如实填写《现金送款簿》，需要填写的内容包括本单位名称、款项来源、开户银行行名和账号、送款日期、送款总金额以及各种票币的数量等。《现金送款簿》一般一式四联，第一联为回单，由银行盖章后作为送款单位的记账依据；第二联为银行收入传票；第三联为收款通知；第四联主要由银行留存作为底联备查

基本程序	具体描述
送存交款	填写好《现金送款簿》后，单位中负责银行业务的出纳人员携带需要送存的现金和《现金送款簿》到银行柜台处，与银行柜台的收款员当面交接清点送存的现金。双方清点无误后，由银行柜台收款员在《现金送款簿》的各联次上加盖相应的印章，并将第一联的回单交付给送款人（即单位的出纳人员），送款人仔细检查回单，并确认无误后，办妥其他手续即可离开银行

（4）现金的收入和提取需要做什么

现金收入即收到现金，对社会各单位来说，现金的收入可分为两方面，一是经营活动取得的现金，二是从银行提取的现金（简称"提现"）。而经营活动取得的现金又根据业务性质分为很多种，如确认主营业务收入收到的现金、确认其他业务收入收到的现金、确认营业外收入收到的现金、向其他单位收取违约金收到的现金以及向员工个人收取罚款收到的现金等。

前面介绍的库存现金管理规定、库存现金限额核定以及现金送存银行等主要从现金支出方面了解现金的管理内容，那么，现金的收入又有怎样的管理内容呢？如表5-3所示。

表5-3

项目	内容
收入现金的管理	当发生经济业务而收到现金时，要审核经济业务的真实性和合法性，原始凭证的真实性和规范性，以及现金取得过程和记账核算的规范性
填写现金收款票据	出纳人员在因为发生经济业务而收到现金时，应根据不同的经济业务内容开具恰当的收款票据，主要涉及发票和收据。开具收款票据时要使用复写纸，如实并完整地填写票据上的各项内容，如付款单位全称或付款人姓名、款项的来源（即经济业务的内容、数量、单位、单价和金额等）、收款日期、收款单位全称和收款人姓名等，同时加盖收款单位的公章。收款票据填写好后，要将相应的联次交给付款单位经办人或个人付款人，而出纳人员同时根据相应的联次填制现金收款凭证（经济业务收到的现金）或银行付款凭证（提现），后续接着登记现金日记账

续上表

项目	内容
从银行提取现金的管理	单位从银行提取现金以备发放工资或补充不足现金限额的库存现金时，都需要从银行提取现金。各单位在提取现金时，均使用现金支票，当提现成功后，出纳人员要根据现金支票的存根编制银行存款付款凭证（注意此时无需填制现金收款凭证），再根据这一付款凭证登记银行存款日记账的减少和现金日记账的增加

现金支票是银行的存款人（现金支票的开票人，也是付款人）签发给收款人，提取现金或委托开户银行将款项直接支付给收款人的一种票据。各单位在签发现金支票用于提现时，现金支票的付款人和收款人同为本单位。具体的提现步骤如图5-1所示。

第一步：签发现金支票

各单位的出纳人员要认真、仔细且完整地填写现金支票的项目，如支票号码、密码、开户银行名称和单位银行账号、签发日期、收款单位全称或个人收款人姓名、支付金额和款项用途等，同时还要加盖本单位的公章。注意提现时，"收款人"和"付款人"栏均填写本单位的单位全称。

第二步：提交支票进行审核

单位负责银行业务的出纳人员持签发的现金支票到就近银行网点，将现金支票交给银行相关人员进行审核，等待审核通过放款。

第三步：取款

单位出纳人员将经银行审核无误的现金支票交给专门办理本单位结算业务的银行经办人员，再次审核现金支票，确认无误后向单位出纳人员（即取款人）发放对应的款项，完成提现。

图5-1 从银行提取现金的程序

5.1.2 现金清查的处理

现金清查是指出纳人员协助单位定期或不定期对本单位的库存现金和

银行存款进行清查盘点工作，以确保现金安全、完整。

为了切实监督出纳人员的工作，防止单位现金丢失或被盗，同时及时发现贪污和挪用公款等不法行为，各单位应建立健全的现金清查制度。一般来说，现金清查制度应规定出纳人员要做好现金的日清月结工作，并规定清查工作组由专业人员组成，还要规定现金清查盘点的间隔时间以及清查重点等。由行业经验可知，现金清查的工作重点是款项的收付是否合理合法、有无"白条"抵库现象、有无账外资金和有无挪用公款等违纪、违法行为。在现金清查工作中，需要编制《现金清查盘点报告表》，常用样式如图5-2所示。

现金清查盘点报告表

单位名称：　　　　　　　年　月　日　　　　　　　单位：元

清点现金			核对账目		
货币面值	张数	金额	项　　　　目	金额	备注
100元			现金账面余额		
50元			加：收入凭证未记账		
20元			减：付出凭证未记账		
10元			调整后现金账面余额		
5元			实点现金		
2元			长款（+）		
1元			短款（-）		
5角					
2角					
1角					
5分					
2分					
1分					
实点合计					
财务主管：			出纳员：		

图5-2 现金清查盘点报告表

（1）现金盘盈

现金盘盈是指现金清查工作中盘点出的库存现金或银行存款的实有数比其账面记录多。造成现金盘盈这一结果的原因主要有两个：一是单位管理制度不够完善，二是出纳人员工作失误。没有人会故意用自己的钱增加单位的现金，因此就不存在恶意作弊的问题。

因管理制度不完善或本单位出纳人员工作失误而盘盈的现金一般计入"其他应付款"的贷方；而无法查明原因盘盈现金一般计入"营业外收入"的贷方。

实账处理 出纳人员清查现金时发现现金盘盈的处理

1.某公司向其客户销售一批商品，约定含税价款合计63 300元，客户向该公司支付货款时实际转账63 800元。由于当时出纳人员没有仔细核对账款，导致后来清查盘点时发现现金多了500元，且因无法联系上该客户而无法归还这500元。

解析： 该情况属于出纳人员工作失误引起现金盘盈，因此盘盈的现金要计入"管理费用"科目的贷方。

2.某公司2019年8月底对本单位的库存现金进行了清查盘点，发现有400元的盘盈，但因为时间较长，无法查明原因。

解析： 该情况属于无法查明原因的现金盘盈，因此要计入"营业外收入"科目的贷方。

注意，盘盈的现金最终是计入"营业外收入"科目还是计入"其他应付款"科目，要看是否有充足的证据证明盘盈的现金已无法归还给相关收款人。也就是说，盘盈时先将盘盈的现金计入"待处理财产损溢——现金盘盈"科目等待处理，报经领导批准后确定可以归还的，计入"其他应付款——××"科目，不能归还的才计入"营业外收入"科目。

（2）现金盘亏

现金盘亏是指在现金清查工作中盘点出的库存现金或银行存款的实有数比其账面记录少。造成现金盘亏这一结果的原因主要有两个：一是单位现金管理制度本身不完善，二是出纳人员工作失误或存在舞弊行为。

无论是哪种原因，在查出现金盘亏时，先减少库存现金的实有数，借记"待处理财产损溢——现金盘亏"科目，贷记"库存现金"科目；待查明原因后，该由公司自行承担的，计入"管理费用"科目，该由出纳人员或保险公司承担的，计入"其他应收款——××"科目。

实账处理 出纳人员清查现金时发现现金盘亏的处理

出纳人员在清查现金时发现盘亏2 000元，经查明原因，是因为出纳人员离开办公室时未锁门导致现金被盗，应由出纳人员负全责，应编制如下的会计分录。

①报经批准前。

借：待处理财产损溢——现金盘亏　　　　　　2 000

　　贷：库存现金　　　　　　　　　　　　　　　　2 000

②报经批准后，应由出纳人员全额赔偿。

借：其他应收款——××　　　　　　　　　　2 000

　　贷：待处理财产损溢——现金盘亏　　　　　　　2 000

在实际工作中，因出纳人员管理不善导致现金被盗的，根据公司做出的规定，可能由其全额赔偿，也可能只赔偿部分；而因出纳人员做出舞弊行为导致现金短缺的，一般会由出纳人员全额赔偿。无论赔偿多少，由出纳人员赔偿的部分都计入"其他应收款——××"科目。该由公司承担的，包括因公司原因导致现金短缺的情况和无法查明短缺原因的现金短缺，计入"管理费用"科目。

5.2 现金的核算

这里所说的现金核算是指企业库存现金的结算。为了反映企业库存现金的收支和结存情况，企业应设置"库存现金"科目，其借方登记企业库存现金的增加，贷方登记库存现金的减少，月末为借方余额，反映月末库存现金的余额。

5.2.1 现金收入的处理

在出纳的业务中，现金的业务占据一大块，包括现金收入和现金支出两条线。而现金收入又有多种情况，比如收到股东投资的现金、收到营业款以及收到预收款等。

（1）收到股东的投资款的处理

公司在运营过程中需要增加资本的原因有很多，下面介绍公司股东向公司投入资本的例子。

实账处理 收到股东王总投入现金250 000元

2019年4月21日，乙公司股东王总投入现金250 000元，出纳人员收到现金后填制了如图5-3所示的收据，并根据该收据编制了如下的会计分录。

借：库存现金　　　　　　　　　250 000

贷：实收资本——王总　　　　　250 000

收　据　　　　　　　No1005121

日期：　2019　年　4　月　21　日

收　到　王总投资款

　　备注：现金

金额（大写）贰拾伍万零仟零佰零拾零元零角零分　¥250000.00

附　注：

发据单位盖章　　　会计 王成　　　出纳 张林　　　经手人 王美

①存根（白）②收据（红）③记账（蓝）

图5-3　收到王总投资款开出的收据

当款项送存银行后，编制的会计分录如下。

借：银行存款　　　　　　　　　250 000

　　贷：库存现金　　　　　　　　250 000

　　如果在公司运营的过程中出现资金短缺、急需资金的情况时，除了公司内部的股东投资外，还可以向合作企业借款解决当前的问题。

实账处理　王总向李总借入现金50 000元

　　乙公司在扩展业务的过程中，因应收账款无法在短时间内收回，又需要将大量的原材料投入生产，导致公司资金周转出现困难。2019年5月28日，王总向合作企业李总借入现金50 000元解决资金周转困难的问题。出纳人员做了如图5-4所示的借条，并编制了如下的会计分录。

借：库存现金　　　　　　　　　50 000

　　贷：短期借款——李总　　　　50 000

借　条

兹因我××公司资金周转困难，而向_李总_借款，共借得款项人民币_伍万_元整。预计在2020年5月28日前如期归还。共借款_一年_。期间每个月利息按银行同期利率0.36%（4.35%÷12）计算，每个月利息_奢佰捌拾元整_，需于每个月初支付不得有误。以上唯恐口说无凭，特立此借条为证。

立据出借人：李总　身份证号：62052319××××××　联系地址：×××　电话：×××××××
立据借款人：王总　身份证号：62052319××××××　联系地址：×××　电话：×××××××
见证人：　李×　身份证号：62052319××××××　联系地址：×××　电话：×××××××
保证人：　王×　身份证号：62052319××××××　联系地址：×××　电话：×××××××

借款日期：2019年5月28日

图5-4　对外借款开出的借条

（2）收到营业款的处理

在一天的营业结束后，门店收银员可能会直接将收到的现金存入银行，不经财务之手，再由财务人员根据收银员送存银行时拿到的"现金缴款单"回单联和有关销售凭证填制银行存款收款凭证。但如果不是由收银员直接送存银行，而是交给出纳人员送存银行，那么财务人员先要根据收银员开具的收据填制现金收款凭证，再根据"现金缴款单"回单联和有关销售凭证填制现金付款凭证。

实账处理　出售一台电视，收到营业款

2019年6月1日，舒秦电器有限公司出售一台电视，单价3 000元，增值税税率13%，对方用现金支付。营业结束后，出纳人员收到营业款及如图5-5所示的销售发票。

根据营业收入，算出应交增值税额=3 000×13%=390（元）

根据销售发票和算出的税款，公司应编制如下的会计分录。

借：库存现金　　　　　　　　　　　　　　3 390

　　贷：主营业务收入　　　　　　　　　　3 000

　　　　应交税费——应交增值税（销项税额）　390

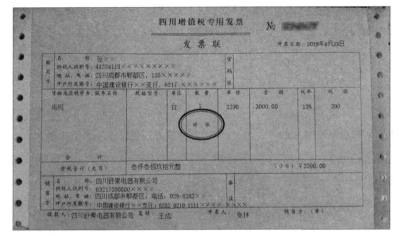

图5-5 收到销售发票

（3）收到现金预收款的处理

企业向购货方预收部分货款或者收取购货定金时，也可能收到现金。而这些预收的款项统称为"预收账款"，要在企业实际出售商品、产品或提供劳务时进行冲减。预收账款是销货方向购货方收取的款项，在未来必须以相应的货物进行偿付，因此它是销货单位的一项负债。

以现金方式收到预收款时，销货方要编制现金收款凭证，借记"库存现金"科目，贷记"预收账款"科目。有些企业的规模较小，没有单独设置"预收账款"科目，则需要通过"应收账款"科目核算，即在收到预收款时，应贷记"应收账款"科目。下面是一个有关预收现金的案例。

预收货款8 000元

2019年4月23日，乙公司向舒秦电器有限公司订购一批电饭锅，因为数量比较多，所以需要定制。

为了避免发生经济纠纷，舒秦电器向购买方收取了定金8 000元，以现金支付，并开具了如图5-6所示的收据。

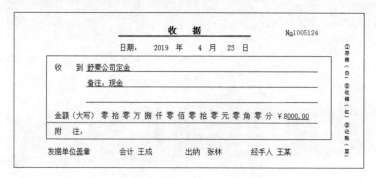

图5-6 收到定金开具的收据

舒秦电器有限公司应编制如下的会计分录。

借：库存现金   8 000

    贷：预收账款   8 000

（4）收到退款的处理

购买商品后，如在使用商品时发现存在质量问题，可以和销售方及时沟通并协商处理方法。如果发现是不影响使用的小问题，可以要求商家给予一定的优惠处理。

如果存在严重的质量问题，不能继续使用或导致严重后果的，可以要求商家更换产品或退款，同时还可以要求商家给予一定的赔偿。下面是一个退货退款的账务处理案例。

实账处理 因商品质量问题退货收到退款4 600元

2019年6月4日，舒秦电器有限公司购买了一批主控制板，已经入库，20日用于生产时，发现有严重的质量问题，在与厂家沟通协商后，厂家同意退回主控制板并退货款4 600元，库管应开出如图5-7所示的出库单。

出库单

No1016121

单位：舒秦电器有限公司　　2019 年　6 月　4 日

编号	名称	规格	单位	数量	单价	金额	备注
1	主控制板		批		4600	4600	退料

金额（大写）　零拾零万肆仟陆佰零拾零元零角零分 ￥4600.00

主管：刘梅　　　仓库：王玲　　　记账：张成　　　经手人：王某

①存根（白）②记账（红）③结算（蓝）

图5-7 退货开具的出库单

收到现金时，出纳应填制如图5-8所示的收据。

收据

No1005126

日期：　2019 年　6 月　4 日

收　到　退主控制板退货款

　　　　备注：现金

金额（大写）零 拾 零 万 肆 仟 陆 佰 零 拾 零 元 零 角 零 分 ￥4600.00

附 注：

发据单位盖章　　　会计 王成　　　出纳 张林　　　经手人 王某

①存根（白）②收据（红）③记账（蓝）

图5-8 收到退货款开具的收据

舒秦电器应编制如下的会计分录。

```
借：库存现金                        4 600
    贷：原材料                      4 600
```

（5）收到罚款的处理

为了提高员工的积极性，加强员工的自律性，公司会制定一定的奖励和惩罚制度，对违反规定的员工进行罚款处理。如果出纳人员直接收到员工交付的罚款现金，则通过"库存现金"科目核算。

而由于员工本人原因给公司造成经济损失的，公司可按照劳动合同的约定要求其赔偿经济损失。这与罚款有些区别，赔偿款可从员工本人的当月工资中扣除，且具体扣除多少有讲究。一般来说，每月扣除的赔偿金额不能超过员工当月工资的20%；同时，若扣除赔偿金额后的剩余工资低于当地月最低工资标准，则赔偿金额应为员工当月工资数额减去最低工资标准后的余额。下面是一项员工私自存放物品被罚款的业务处理。

实账处理 **收到仓管小王在仓库私自存放物品的罚款50元**

舒泰电器有限公司规定，在公司仓库私自存放员工个人物品的，罚款50元。2019年3月2日，仓库小王将他自己的一包物品存放在公司的仓库，缴纳罚款50元，出纳人员在收到罚款现金后填制了如图5-9所示的收据。

除此之外，舒泰电器有限公司还应根据收据编制如下的会计分录。

```
借：库存现金                        50
    贷：营业外收入                  50
```

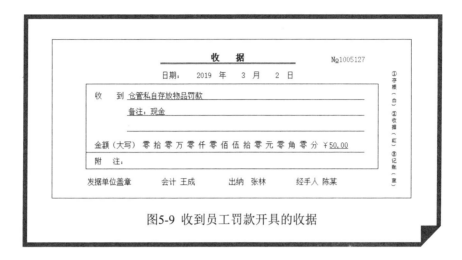

图5-9 收到员工罚款开具的收据

（6）收到赔偿款的处理

在日常的经营及生产环节中，由于存在不合规定的操作，或是不符合质量要求的材料和商品运输过程中发生破损等情况，会给公司造成一定的损失，所以公司会和责任方沟通协商，取得赔偿。

赔偿款计入"营业外收入"科目时收入增加，如需核定征收所得税的，就要缴纳企业所得税；要查账征收的，会增加利润，也可能增加企业所得税。冲减原材料的可以将材料的库存减低，把原来质量差的材料单价相应调低。

实账处理 **因物流公司原因导致部分货物破损，赔偿1 000元**

2019年2月4日，舒秦电器有限公司将一批小太阳出售到外地，客户要求通过物流公司邮寄。在运输的过程中，因为搬运时不小心将部分小太阳的外壳损坏，于是快递公司赔偿1 000元。收到现金后，因为赔偿双方不是买卖关系，不需要发票，开收据就可以，出纳人员填制了如图5-10所示的收据。

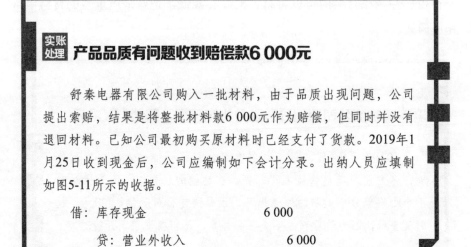

收　据　No.1005128

日期：　2019　年　2　月　4　日

收　到 物流公司赔偿款

备注：现金

金额（大写）零拾零万壹仟零佰零拾零元 零角 零分 ￥1000.00

附　注：

发据单位盖章　　会计 王成　　出纳 张林　　经手人

①存根（白）②收据（红）③记账（黄）

图5-10 收到物流公司的赔偿款开具的收据

舒秦电器有限公司应编制如下的会计分录。

借：库存现金　　　　　　　　　　1 000

　　贷：营业外收入　　　　　　　　　　1 000

下面这个案例是收到供应商赔偿款的业务处理，如前所述，可以计入"营业外收入"科目。在实际操作中，只有发生退货才冲减存货成本。

实账处理 产品品质有问题收到赔偿款6 000元

舒秦电器有限公司购入一批材料，由于品质出现问题，公司提出索赔，结果是将整批材料款6 000元作为赔偿，但同时并没有退回材料。已知公司最初购买原材料时已经支付了货款。2019年1月25日收到现金后，公司应编制如下会计分录。出纳人员应填制如图5-11所示的收据。

借：库存现金　　　　　　　　　　6 000

　　贷：营业外收入　　　　　　　　　　6 000

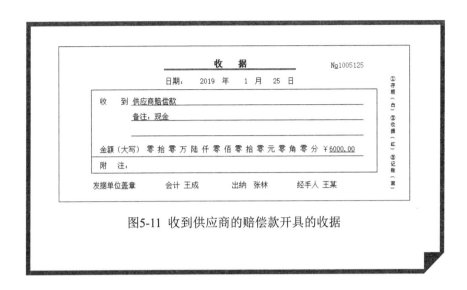

图5-11 收到供应商的赔偿款开具的收据

（7）从银行提取现金的处理

公司应在经营所在地开立一个银行基本存款账户，公司所有流动资金都应存入固定的开户行里。当需要现金时直接到开户银行办理提现业务即可，其操作步骤如图5-12所示。

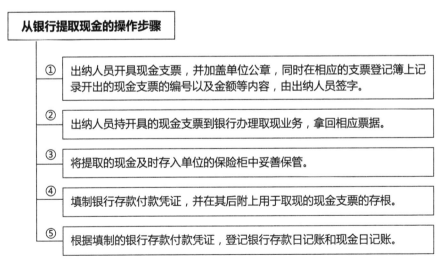

图5-12 出纳到银行提取现金的操作步骤

如果单位办理了银行结算卡，则可以用卡在取款机上提现，然后由出纳人员打印相关凭证或向银行索要相应的回单，带回单位做账。

出纳小张去银行取现8 000元

2019年4月16日，舒泰电器有限公司出纳小张去银行取现8 000元作为备用金，填制了如图5-13所示的现金支票并编制了如下的会计分录。

图5-13 取现开出的支票

借：库存现金   8 000

　　贷：银行存款   8 000

（8）收回职工个人借款的处理

公司员工因公出差时，可以自己垫付所有费用，回公司后进行报销；也可以向公司申请一部分备用金，在出差过程中，公费项目应向销售方索要正规发票，出差回来后，整理好各种票据，按程序报账。未用完的备用金应及时归还公司。

而出纳人员在收回职工剩余的借款时，不得将需要作为原始凭证记账的初始借款单据退给职工，否则会使前期的员工借款业务发生"白条"抵库现象。正确的做法是，出纳人员收到职工退回的借款时另行开具收款收据给职工，同时填制现金收款凭证。

收到李某归还借款400元

　　2019年6月14日，舒秦电器有限公司综合部李某从外地出差回来，归还剩余的借款800元，出纳人员填制了如图5-14所示的收据，并编制如下的会计分录。

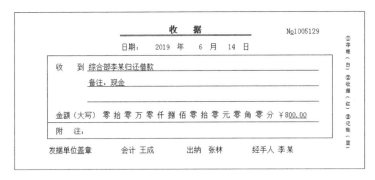

图5-14　收到员工归还的借款开具的收据

借：库存现金　　　　　　　　　　　　800

　　贷：其他应收款——李某　　　　　　　800

5.2.2 备用金的管理

　　备用金一般是指企事业单位和其他经济组织等准备的、提供给单位内部非独立核算机构和员工等使用的库存现金。而没有单独进行备用金管理的单位，其库存现金的性质就相当于备用金。

　　单独进行备用金管理的单位，要制定相应的备用金管理制度，由专人负责管理，且要按规定用途使用备用金，不得私自借给他人，也不得用于规定用途之外的地方。账务处理时，通过"备用金"这一明细科目核算。

　　另外，实行定额备用金制度的单位，在部门或员工借支备用金时，出纳人员要根据各种费用凭证制作费用明细表，并定期向财务部门汇报情况，同时退回前期支用的备用金剩余款项。

单位实行备用金管理，可方便员工灵活、顺利地开展经济业务，从而提高工作效率。但是，为了提高单位备用金的利用效率，防止备用金挪作他用，出纳人员要牢记如图5-15所示的备用金使用范围。

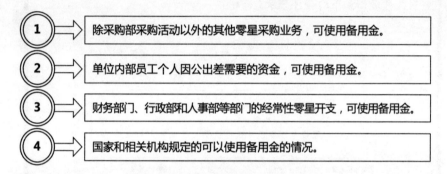

1 除采购部采购活动以外的其他零星采购业务，可使用备用金。

2 单位内部员工个人因公出差需要的资金，可使用备用金。

3 财务部门、行政部和人事部等部门的经常性零星开支，可使用备用金。

4 国家和相关机构规定的可以使用备用金的情况。

图5-15 备用金的使用范围

备用金管理包括借支管理和保管管理，具体内容如表5-4所示。

表5-4

备用金管理	内容
备用金借支管理	1.企业各部门在向出纳人员申请领用备用金时，要填写《备用金借款单》，由出纳人员交给财务部门审核，审核通过后，由出纳人员根据该借款单向申请人支付备用金； 2.企业要根据各部门日常所需情况，规定合适的备用金数额，而各部门要在规定数额内申领备用金；若有特殊需要申请超过规定数额的备用金时，要经过相关领导审批； 3.各部门使用备用金获得的各种正式发票和票据，应定期送交出纳人员，冲销借支款，同时核算相应的费用
备用金保管管理	1.单位出纳人员要编制《备用金收、支日报表》，登记备用金的收、支和结存情况，并定期报送给总经理审批； 2.出纳人员要对单位的备用金做到按月结清； 3.出纳人员要妥善保管与备用金收支相关的各种票据

任何单位和员工个人都要严格按照备用金管理制度的规定使用备用金，涉及的环节主要是借支、使用和报销，相关环节中各参与者应做的事情如表5-5所示。

表5-5

使用备用金	内容
申请备用金	单位部门或某员工需要临时借用备用金的，先到财务部门领取《借款单》并认真填写必要的内容，填写完毕后不要忘记签字或盖章。财务人员审核借款人填好的《借款单》，看内容是否正确且完整，确认无误后，保留其中一联，将相应的联次交给申请人，由申请人交给出纳人员，等待审核放款
支给备用金	出纳人员审核申请人提交的《借款单》，确认无误后将相应金额的备用金支给借款人
报销备用金	借款人利用所借备用金完成业务后，要在规定时间内向出纳人员索要《费用报销单》，并认真填写其中的内容，出纳人员根据备用金台账，查询报销人的初始备用金借款金额，审核借款人填写好的《费用报销单》，若借款人归还剩余备用金，则出纳人员在审核无误后，将归还的备用金存入保险柜，同时将借款人提供的相关票据和《费用报销单》一并提交给财务部门进行复审和记账；若需要向借款人补足借款的，出纳人员要先将借款人提供的相关票据和《费用报销单》提交给财务部门，经审核通过后，再向借款人支给应补的款项

针对上表所述的备用金使用程序，更形象的描述如图5-16所示的示意图。

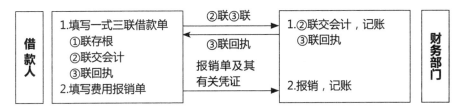

图5-16 备用金借款和报销的详细程序示意图

若相关部门或员工因工作原因而需要长期借备用金，则财务部门可根据实际情况为其一次性拨付一笔固定数额的现金，同时规定使用范围，这样有利于部门和员工及时开展业务。而出纳等备用金经管人员要设置《备用金登记簿》，用以记录备用金的收支情况，同时要保管好备用金收支的收据、发票和各种原始凭证；另外，备用金经管人员还要定期向本单位财务部门汇报备用金使用情况。在使用过程中，若有因特殊原因不能按时结算的，要向财务部门负责人说明原因，经同意后才可延期结算。有关备用金管理制度的设置一般如图5-17所示。

审批制度

建立审批制度，对单位中需要申请使用备用金的部门或员工申请备用金的手续、备用金的用途范围等进行约束，符合规定的才予以审批通过并放款。

定额管理制度

建立备用金定额管理制度，按单位各部门的实际经营所需限制备用金的使用额度，防止现金过度开支导致资金周转不灵的情况发生。

日常管理责任制度

建立备用金日常管理责任制度，严格规定备用金必须由专人按照现金管理制度的规定管理备用金，严格按照规定的备用金使用范围控制现金支出，同时要在财务部门对备用金进行定期检查时提供相应的经济资料。

清查盘点制度

建立备用金清查盘点制度，规定定期清查备用金的时间间隔或者不定期清查方式，防止备用金被偷盗或滥用，保证备用金的安全。

审查入账制度

建立审查入账制度，严格检查备用金使用部门或员工进行报销而提供的所有票据，保证经济业务的真实性和票据的合法、合理性，从而严控备用金支出。

图5-17 备用金管理制度的设置

实账处理 **综合部李某借备用金1000元**

2019年4月25日，舒秦电器有限公司综合部李某到外地出差，向财务部门申请1 000元备用金，李某根据公司财务管理制度填制了如图5-18所示的借款单。

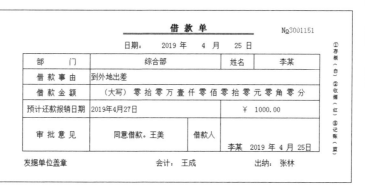

借 款 单　　　　No3001151

日期：　2019 年　4 月　25 日

部　　　门	综合部	姓名	李某
借 款 事 由	到外地出差		
借 款 金 额	（大写）零拾零万壹仟零佰零拾零元零角零分		
预计还款报销日期	2019年4月27日	￥ 1000.00	
审 批 意 见	同意借款。王美	借款人	
			李某 2019 年 4 月 25日

发据单位盖章　　　　会计：王成　　　　出纳：张林

①存根（白）②收据（红）③记账（篮）

图5-18 员工借备用金填写的借款单

出纳根据李某提供的审批完的借款单支付1 000元给李某，并且应编制如下的会计分录。

借：其他应收款——李某　　　　1 000

　　贷：库存现金　　　　　　　　　　1 000

5.2.3 常见的费用报销

在公司的正常经营生产过程中，每个月都会有固定的费用发生，各种费用有办公费、水电费、差旅费、职工教育经费、养路费和维修费等。

（1）办公费用的报销

办公费是指企业各部门耗用的文具、印刷、邮电、办公用品及报刊杂志等办公费用。

办公费的核算内容包括生产和管理部门使用的文具（包括签字笔、钢笔、墨水、铅笔和橡皮擦等）、文件夹、纸张印刷品（包括各种规程、制度、报表、票据和账簿等的印刷费和购置费等）、报纸杂志费、图书资料费、邮电通信费（包括邮票、邮费、电报以及电话费等）以及到银行办理涉及使用纸张的业务的工本费等。

实账处理 办公室文员李某购买办公用品

2019年4月23日，舒泰电器有限公司办公室文员李某购买一批办公用品，价税合计400元，销售方已开具如图5-19所示的正规发票，李某根据发票内容填制了如图5-20所示的费用报销单，并已通过领导审批，便向财务部门申请报销账款400元，该公司应编制如下的会计分录。

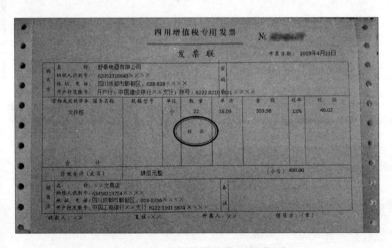

图5-19 购买办公用品收到的发票

借：管理费用——办公费　　　　　　　400

　　贷：库存现金　　　　　　　　　　　　400

费用报销单 №4001141

报销部门：办公室　　日期：2019 年 4 月 23 日　　单据及附件共 1 页

报销项目	摘要	金额								备注
		十	万	千	百	十	元	角	分	
办公用品	文件框22个			¥	4	0	0	0	0	
										领导审批
合计				¥	4	0	0	0	0	
金额大写：零拾零万零仟肆佰零拾零元零角零分		原借款：0 元								应退（补）款：400元

发据单位盖章　　会计：王成　　出纳：张林　　报销人：李某

图5-20 报销办公费填写的费用报销单

（2）公司水电费的报销

在公司的日常零星开支中，水电费是一项最基本的开支，一般情况下，公司在收到水电费的缴费通知后，都必须按时缴纳。

不同职能部门耗用的水电费要计入不同的成本、费用。生产产品使用的水电费计入生产成本；车间管理部门使用的水电费计入制造费用；管理部门使用的水电费计入管理费用。

实账处理 **舒秦公司报销1月份水电费**

2019年1月份，舒秦公司办公室发生水费200元，电费500元，水电费共计700元。2019年2月1日，办公室李某支付相关费用后根据发票填制了如图5-21所示的费用报销单，会计分录如下。

借：管理费用——水电费　　700

　　贷：库存现金　　700

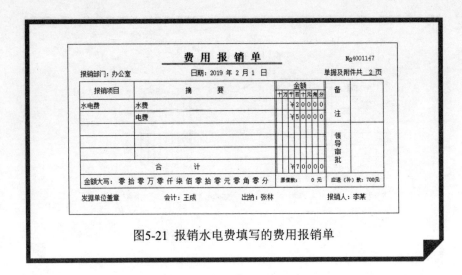

图5-21 报销水电费填写的费用报销单

（3）差旅费的报销

差旅费是指因公出差期间产生的交通费、食宿费和公杂费等各项费用。不同单位会规定符合自身经营所需的差旅费开支范围，并且严格按照各自建立的费用管理制度规定差旅费可以进行报销的限额和有效凭证的收集、整理与提供。

差旅费开支范围包括城市间的交通费、住宿费、伙食补助费和公杂费等。一般情况下，补助出差伙食费和报销出差地餐费这两项出差餐费管理措施只取其一，不同时使用。出差人员回单位报销差旅费时，提供的单据或凭证等必须载明出差人员姓名、出差地点和时间以及出差任务等内容。

实账处理 **综合部王某报销差旅费**

2019年5月10日，舒秦公司综合部王某出差回来，出差过程中，车费、住宿费和伙食费共花费800元，他根据出差途中的各种票据填制好如图5-22所示的差旅费报销单。经由领导审批完成，王某将报销单交给出纳。由于之前2019年4月5日，王某借备用金1 000元，本次差旅费报销将冲销其预借款并退回剩余借款。出纳人员收回现金时填制了如图5-23所示的收据。

差 旅 费 报 销 单

报销部门：综合部　　　　　　　　　　　　　　　　　　　　　　　2019年 5月10日

姓 名		职 别			出差事由				
出差地点	日 期	区 间	人数	天数	其中：途中天数	局内/局外	补贴项目	人数	天数	标准	金额
	5月7日-5月9日	成都-上海	1	3			伙食补贴	1	3	100	300
	月 日- 月 日	-					交通费补贴				
	月 日- 月 日	-					司机出车补贴				
	月 日- 月 日	-					未卧补贴				
	月 日- 月 日						小 计	1	3	100	300

项 目	报销数		审核数		说明：
	单据张数	报销金额	单据张数	审核金额	
住 宿 费	1	300	1	300	
车 船 票	4	200	1	200	主（分）管领导审批：
飞 机 票					
小计	5	500	2	500	

合计金额大写：捌佰元整　　　　　　　　　　　　合计金额小写：800.00

单位盖章　　　会计：王成　　　　出纳：张林　　　　　报销人：王某

图5-22 差旅费报销单

收 据

Nọ

日期： 2019 年 5 月 10 日

收 到 王某退还借款
　　　备注：现金

金额（大写）零拾零万零仟贰佰零拾零元零角零分 ￥200.00

附 注：

发据单位盖章　　会计 王成　　　出纳 张林　　　经手人 李梅

①存根（白）②收据（红）③记账（蓝）

图5-23 退还差旅费开具的收据

舒秦公司应编制如下的会计分录。

借：管理费用——差旅费　　　　　　800

库存现金　　　　　　　　　　200

贷：其他应收款——王某　　　　　　1 000

（4）职工教育经费的报销

职工教育经费是指单位按员工工资总额的一定比例提取的、用于职工教育事业的一项费用，它主要用于职工学习先进技术和提高文化水平。当单位内部职工接受岗位培训和后续教育时，就需要单位从预先提取的职工教育经费中支取资金。

实账处理 **综合部王某报销兼课酬金及书籍费**

为了提高员工的积极性，加强员工之间的团结性，提高员工的工作技能和热情，舒泰公司在2019年2月1日组织了一场培训，培训老师为外聘的专家，公司还为营造积极的学习环境，为员工购买一批与工作相关的书籍，总共花销3 000元，综合部王某根据票据填制如图5-24所示的费用报销单。

图5-24 员工培训费的费用报销单

出纳人员根据已审批的费用报销单，用现金付给报销人审核后的金额，并编制如下的会计分录。

借：应付职工薪酬——职工教育经费　　3 000

贷：库存现金　　　　　　　　　　　　　3 000

各企事业单位、基本建设单位和行政单位，常见的职工教育经费的开支范围包括公务费、员工培训费、培训教师的酬金、实习研究费、学习使用设备的购置费、委托外单位授课培训费以及其他一些职工教育经费开支。

（5）过路费和过桥费等费用的报销

过路费和过桥费分别指车辆在通过集资、贷款建设的高级公路或桥梁上行驶或通过时所需缴纳的通行费，实际业务中，根据车型大小确定具体缴费金额，并按次缴纳。各地过路费和过桥费的收费标准会有差别，具体由当地交通部门会同财政部和物价部门统一制定。这里所说的高级公路是指高速公路、一级公路和二级公路，由车辆驾驶人员缴纳的过路费和过桥费等用于偿还修建高级公路和桥梁等时所发生的集资款和贷款。

实账处理 储运部张某报销过桥过路等养路费

储运部张某在运输货物的途中共发生过桥过路费400元，2019年4月4日，张某根据拿到的票据填制了如图5-25所示的费用报销单，并经过领导的审批后向财务部门申请报销。公司应编制的会计分录如下所示。

借：管理费用——养路费　　　　　400

贷：库存现金　　　　　　　　　　400

费 用 报 销 单 №4001143

报销部门：储运部　　日期：2019 年 4 月 4 日　　单据及附件共 6 页

报销项目	摘要	金额 十	万	千	百	十	元	角	分	备注	
养路费	运输车辆过桥过路费			¥	4	0	0	0	0		
										领导审批	
合计				¥	4	0	0	0	0		
金额大写：零拾零万零仟肆佰零拾零元零角零分		原借款： 0 元								应退（补）款：400元	

发据单位盖章　　会计：王成　　出纳：张林　　报销人：张某

图5-25 养路费的费用报销单

（6）维修费的报销

维修费是指单位为了保持机器设备和不动产等的正常使用效能而发生的日常修理和维护费用。一些大型生产企业会自行配置维修人员，此时无需单独核算维修费，直接将维修人员的工资薪金计入相应的费用；但如果是聘请外部人员对单位的机器设备或不动产进行维修，就要核算维修费。

实账处理 储运部刘某报销车辆维修保养等维修费

储运部刘某平时在使用车辆时爱惜车辆，车辆维修的次数少。2019年4月5日，刘某保养车辆花费500元，他根据各类票据填制了如图5-26所示的费用报销单。经财务部门审核后，交由领导审批完成，再交给出纳人员报销保养费500元。公司应编制如下所示的会计分录。

借：管理费用——车辆维修保养费　　500

　　贷：库存现金　　500

费用报销单

№

报销部门：储运部　　日期：2019 年 4 月 5 日　　单据及附件共 2 页

报销项目	摘要	金额（十万 千 百 十 元 角 分）	备注
维修费	车辆保养费	￥50000	
			领导审批
合计		￥50000	
金额大写：零拾零万零仟伍佰零拾零元零角零分		原借款：0 元	应退（补）款：500元

发据单位盖章　　会计：王成　　出纳：张林　　报销人：刘某

图5-26 车辆维修费的费用报销单

5.2.4 不得坐支现金

坐支现金是指单位以现金方式收到的款项没有及时送存指定的银行，而将收到的现金直接用于其他经营活动的开支的行为。正确规范的财会工作中，“收”与“支”是两条不能交叉的“线”，也就是收到的现金不能直接用于支出，用于支出的现金一般从库存现金中支取或从银行存款中转账。一旦“收”与“支”两条线发生交叉，就是坐支现金的表现。

然而，实际工作中并不是所有的坐支行为都会被禁止。相关制度规定，企事业单位、机关、团体、部队和其他组织等因特殊原因确实需要坐支现金的，可在事先向开户银行提出申请，获得批准后坐支现金。在提出坐支现金申请时，要说明坐支的原因、用途和规定期限内预计坐支的现金金额，开户行再根据实际情况对申请单位核定具体的坐支范围和限额。对单位来说，可以在申请库存现金限额时一并向开户银行申请现金的坐支需求，等待银行审查批准。当然，单位也可单独申请坐支现金。

由于单位坐支现金的行为会导致银行无法准确掌握各单位的现金收入来源和支出情况，进而干扰银行对各单位现金收付的管理工作，扰乱国家金融秩序，因此，坐支现金的行为会受到相应的处罚。为了规避这样的处罚，单位和包括出纳人员在内的财会人员要牢记如图5-27所示的可坐支现金的情况。

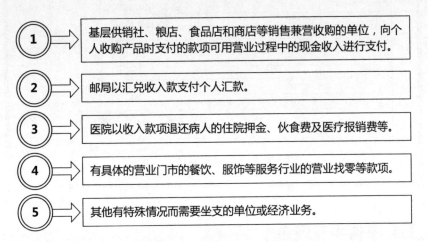

1　基层供销社、粮店、食品店和商店等销售兼营收购的单位，向个人收购产品时支付的款项可用营业过程中的现金收入进行支付。

2　邮局以汇兑收入款支付个人汇款。

3　医院以收入款项退还病人的住院押金、伙食费及医疗报销费等。

4　有具体的营业门市的餐饮、服饰等服务行业的营业找零等款项。

5　其他有特殊情况而需要坐支的单位或经济业务。

图5-27　允许坐支现金的5种情况

实账处理　出纳违规坐支现金的案例

　　李丹是某公司初任出纳的应届毕业生，自参加工作以来一直勤勤恳恳。前几日李丹收到一笔现金回款，但因为工作繁忙，就先锁在了保险柜中，没有来得及存入银行。后来李丹所在的公司因为要支付一笔现金款项，李丹就直接把这笔现金支付了出去。领导知晓后，直接批评了李丹，告诉她这种行为属于坐支现金，告诫李丹下不为例，并及时处理好了这件事情。

　　解析： 案例中李丹的做法不正确，现金回款未存入银行，直接用于支出，属于典型的坐支现金的行为。这样不能真实地反映企业当天的收入和支出情况。按照财经法律、法规的规定，收到的现金回款应及时存入银行，需要支出时，应申请备用金，并经领导审批才可从日常的备用金中支出。

5.2.5 临时工资的发放

工资即员工的薪资，它是指雇主或者法定用人单位依据法律规定、行业规定或与员工之间的约定，以货币形式对员工付出的劳动进行应有的酬谢。目前，我国很多企业的员工工资都由本单位的出纳通过银行账户直接转入员工个人的工资卡（个人银行账户）中。

但是，部分经济业务中涉及临时工的，其工资经常以现金形式发放。该工资发放方式下，也需要人力资源部出具加盖了本部门公章的相关工资核算表，以作为出纳人员支付临时工工资和财会人员登记入账的依据。

实账处理 暑期工工资的发放

暑期来临，酒店行业经营业务扩大，某酒店安保部2019年8月1日招入暑期工几名。8月1日到8月31日，工资为3 000元。安保部主管何主管编制了如图5-28所示的临时工工资表。公司编制了如下的会计分录。

临时工工资表

编制部门：安保部　　　　　2019年8月31日　　　　　单位：元

序号	姓名	标准（元/天）	天数	应发数	实发数	领款人签字
1	李 强	96.8	31	3000	3000	
2	张 天	96.8	31	3000	3000	
3	王 军	96.8	31	3000	3000	
合 计				9000	9000	

单位领导：王某　　　　　复核：张某　　　　　编制：何某

图5-28 临时工工资表

①计提工资时。

借：管理费用——工资   9 000

    贷：应付职工薪酬——临时工资   9 000

②发放工资时。

借：应付职工薪酬——临时工资   9 000

    贷：库存现金   9 000

    如果是向没有与公司签订劳动合同的员工支付劳务工钱，则应向该员工或该员工所在单位索要主管税务机关代开的劳务费发票，然后财会人员才能据以登账，出纳人员据以支付款项。

实账处理 支付劳务工工资

    某科技馆办了一场科技产品展览，展览完毕后，该馆招聘了两名临时工打扫卫生，共一天，工资80元/天/人。公司应编制如下的会计分录。

借：管理费用——临时工资   160

    贷：库存现金   160

第6章
怎样让银行账户管理滴水不漏

银行账户的管理是出纳工作的主要工作之一，它具体包括银行账户本身的管理和相关业务的核算。银行账户分为不同的种类，分别有不同的管理方式；相关业务包括银行账户收款业务和银行账户付款业务。

6.1 银行结算账户涉及的手续和单据

在公司日常运营过程中，和其他公司之间的资金往来只有小额的一部分使用现金支付形式，绝大多数大额的、日常的资金往来采用转账、汇款的方式。本节内容就银行结算账户的种类、开立、变更和撤销等方面进行介绍。

6.1.1 银行结算账户的种类

银行账户是客户在银行开立的存款账户、贷款账户和往来账户的总称，而银行结算账户是指客户在经办银行开立的、用于办理资金收付结算的人民币活期存款账户。根据存款人、开户地和用途等为分类依据，可以将银行结算账户分成不同的类型。

（1）按存款人的不同分类

根据存款人的不同，可将银行结算账户分为个人银行结算账户和单位银行结算账户。

◆ 个人银行结算账户

个人银行结算账户是以自然人为账户所有人的银行结算账户，它主要在自然人发生投资、消费或结算等行为时用于支付结算。

自然人可根据需要申请开立个人银行结算账户，也可以在已开立的储蓄账户中选择某一个账户向开户银行申请确认为个人银行结算账户。个人银行结算账户和个人储蓄账户的对比如表6-1所示。

表6-1

账户种类	概念	说明
个人银行结算账户	指存款人凭个人有效身份证件以自然人名称开立的银行结算账户	可以存取现金,账户中的资金可产生利息,本人名下的个人银行结算账户与活期储蓄账户之间可相互转账,也可对外转出资金或接受外部资金转入
个人储蓄账户	指自然人凭个人有效身份证件以自然人名称在银行储蓄机构开立的办理资金存取业务的人民币储蓄存款账户	可以存取现金,账户中的资金可产生利息,本人名下的活期储蓄账户与个人银行结算账户之间可相互转账,但不能对他人或单位转账,也不能接受他人或单位的资金转入

◆ 单位银行结算账户

单位银行结算账户是指存款人以单位名称开立的银行结算账户,它包括个体工商户凭营业执照以字号或经营者姓名开立的银行结算账户。单位在开立和使用银行结算账户时,必须遵守《人民币银行结算账户管理办法》的有关规定,如表6-2所示。

表6-2

规定	内容
只能开立一个基本账户	一个单位只能在一家银行开立一个基本存款账户,开立好后,不能再在其他银行或者开户行的其他分(支)行开立基本存款账户
开户银行可自行选择	单位可根据自身所处的地理位置、业务结算需要、与其他经济组织的合作关系以及银行的服务质量等因素,选择合适的银行开立单位银行结算账户。一旦开立成功,单位不得随意转移、变更和撤销银行结算账户。单位不得伪造或变造相关证明文件欺骗银行为其开立银行结算账户,而银行也不得强令某单位必须在其指定的银行开立银行结算账户
按规定开立和使用账户	按规定开立和使用单位银行结算账户,基本存款账户可办理日常转账结算和现金收付,可提取现金;一般存款账户用于办理借款转存、借款归还和其他结算的资金收付,不得办理现金支取;单位未清偿开户银行债务的,不得申请撤销结算账户等

续上表

规定	内容
不得向个人账户转资金	一般来说，单位银行结算账户不得向个人银行结算账户划转资金，但需要向员工个人发放工资的，可向银行提供合法的付款凭证或依据，这样单位银行结算账户就能向个人银行结算账户划转资金
账户信息保密原则	银行应依法对单位银行结算账户和个人银行结算账户的账户信息保密，且除国家法律、行政法规有特殊规定外，银行有权拒绝任何单位或个人查询某单位或个人银行结算账户的情况

各银行有义务协助各单位核对与银行存款有关的账目，且需要定期向各单位发送银行对账单或对账信息。各单位在收到银行对账单或对账信息后，要及时核对单位的银行存款余额，并在规定时间内向开户行交回银行对账单的回单或发出确认信息。

另外，如果单位遗失了银行预留的公章或财务专用章，为了保证单位银行结算账户中的资金安全，需要立即向开户银行出具营业执照、原预留印鉴的式样等相关证明材料和书面申请，更换预留公章或财务专用章。

（2）按开户地的不同分类

根据开户地的不同，银行结算账户可分为本地银行结算账户和异地银行结算账户。

◆ 本地银行结算账户

本地银行结算账户是指存款人在注册地或住所地开立的银行结算账户。注册地是指存款人的营业执照等开户证明文件上记载的住所地。

◆ 异地银行结算账户

异地银行结算账户是指存款人符合法定条件，根据需要在注册地或住所地以外的其他地方开立的银行结算账户。异地银行结算账户的使用应分情况，不同账户的使用规定是不同的。单位或个人只要符合如图6-1所示的相关条件，均可根据需要在异地开立相应的单位银行结算账户或个人银行结算账户。

异地开立账户的条件

- 营业执照注册地与实际经营地不在同一行政区域（跨省、市、县），需要开立基本存款账户的，可开立异地银行结算账户。
- 单位办理异地借款和其他结算需要开立一般存款账户的。
- 单位的异地附属且非独立核算单位或派出机构发生收入汇缴或业务支出等需要开立专用存款账户的。
- 单位发生的异地临时经营活动需要开立临时存款账户的。
- 自然人根据需要在异地开立个人银行结算账户的。

图6-1 异地开立账户的条件

单位或个人若满足上图所示的条件之一，即可开立单位或个人的异地银行结算账户。对单位来说，开立时要出具如图6-2所示的相关证明文件。

开立异地单位银行结算账户所需的资料

- 由于营业执照注册地与实际经营地不在同一行政区域而需要开立异地基本存款账户的，应出具营业执照注册地中国人民银行分（支）行的未开立基本存款账户的证明和单位营业执照。
- 因需办理异地借款而需要在异地开立一般存款账户的，应出具在异地取得贷款的借款合同和单位营业执照。
- 因发生异地收入汇缴和业务支出等款项结算行为而需要在异地开立专用存款账户的，应出具本单位的隶属单位的证明文件。

图6-2 开立异地单位银行结算账户所需的资料

（3）按用途的不同分类

银行结算账户的用途很多，因此可根据用途将其分为基本存款账户、一般存款账户、专用存款账户和临时存款账户。详细内容如表6-3所示。

表6-3

账户类型	概念	说明
基本存款账户	存款人因办理日常转账结算和现金收付而开立的银行结算账户	该账户是单位的主办账户，只有开立了该账户，单位才能开立其他类型的结算账户。存款人日常经营活动发生的资金收付以及工资、奖金等的支取，都要通过基本存款账户办理
一般存款账户	存款人因借款或其他结算需要，在基本存款账户开户银行以外的银行营业机构开立的银行结算账户	该类账户一般用于办理存款人借款转存、借款归还和其他结算的资金收付，可办理现金缴存，但不得办理现金支取
专用存款账户	存款人按照法律、行政法规和规章，对其特定用途资金进行专项管理和使用而开立的银行结算账户	这里的特定用途资金包括基本建设资金、更新改造资金、证券交易结算资金、期货交易保证金、信托基金、政策性房地产开发资金、社会保障基金、收入汇缴资金、业务支出资金以及粮、油、棉收购资金和其他需要专项管理和使用的资金。一般来说，该类结算账户不得支取现金，但基本建设资金、更新改造资金和政策性房地产开发资金等需要支取现金的，可申请批准
临时存款账户	存款人因临时需要并在规定期限内使用而开立的银行结算账户	临时机构或临时经营活动发生的转账结算和现金收付等业务可通过该类账户办理，可按规定支取现金。该类账户的有效期限不得超过两年，注册验资的临时存款账户在验资期间只收不付

6.1.2 银行结算账户的开立

除符合规定可以在异地开立银行结算账户外，单位均应在营业执照注册地或经营所在地开立银行结算账户，开立的步骤如下。

◆ 第一步，按照中国人民银行的规定记载事项填写开户申请书。

◆ 第二步，将开户申请书以及相关的证明文件送交银行审核。

◆ 第三步，银行审核后在5个工作日内将相关资料报送中国人民银行当地分（支）行审核。

◆ 第四步，经中国人民银行当地分（支）行核准后办理开户手续。

如图6-3所示的是一般的单位银行结算账户开立申请书。

图6-3 开户申请表

单位应与银行签订银行结算账户管理协议，明确双方的权利和义务，并将签章样式送交银行留存，建立单位预留印鉴卡片，印鉴卡片的格式如图6-4所示。

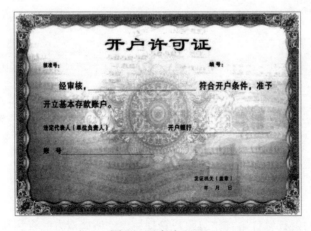

图6-4 印鉴卡片

　　单位银行结算账户的名称应与其申请开户时提供的证明文件上注明的单位名称一致。若名称过长，可与银行在管理协议上作出明确约定，使用规范的简称，但也必须和预留银行的印章一致。个体工商户若有字号，其银行结算账户的名称应与营业执照的字号一致；若无字号，其银行结算账户的名称由"个体户+营业执照记载的经营者姓名"构成。

　　目前，我国正在实行取消银行开户许可证的政策。但在没有完全实施的地方，银行审核申请人资料无误后，还是会给开户单位发放开户许可证，如图6-5所示。

图6-5 开户许可证

（1）基本存款账户的开立

任何具有民事权利能力和民事行为能力，并依法独立享有民事权利、承担民事义务的法人和其他组织都可申请开立基本存款账户。另外，一些不是法人组织但具有独立核算资格的单位，若有自主办理资金结算能力的，也允许开立基本存款账户。不同性质的单位，申请开立基本存款账户所需的文件有所不同，具体如表6-4所示。

表6-4

单位性质	应出具的文件	共同所需的资料
企业法人	《企业法人营业执照》正本	1.法人（负责人）身份证复印件； 2.经办人身份证原件及复印件
非法人企业	《企业营业执照》正本	
机关和实行预算管理的事业单位	政府人事部门或编制委员会的批文或登记证书和财政部门同意其开户的证明	
非预算管理的事业单位	政府人事部门或编制委员会的批文或登记证书	
军队、武警团级（含）以上单位以及有关分散执勤的支（分）队	军队军级以上单位财务部门、武警总队财务部门的开户证明	
社会团体	社会团体登记证书，宗教组织还应出具宗教事务管理部门的批文或证明	
工会	《工会法人资格证书》正本	
民办非企业组织	《民办非企业单位登记证书》正本	
外地常设机构	其驻在地政府主管部门的批文	
外国驻华机构	国家有关主管部门的批文或证明；外资企业驻华代表处、办事处应出具国家登记机关颁发的登记证	
个体工商户	《个体工商户营业执照》正本	
居民、村民、社区委员会	其主管部门的批文或证明	
独立核算的附属机构	其主管部门的基本存款账户开户登记证和批文	
其他组织	政府主管部门的批文或证明	

（2）一般存款账户的开立

除了基本存款账户外，单位还可根据自身需要开立其他存款账户，如一般存款账户。单位申请开立一般存款账户时，应向银行出具其开立基本存款账户的证明文件和如表6-5所示的证明文件。

表6-5

开户原因	应出具的文件
借款需要	借款合同
其他结算需要	有关证明文件

需要注意的是，根据相关资金管理规定的要求，一般存款账户不能在存款人的基本存款账户的开户银行（指同一营业场所）开立，但可以在同一家银行的不同营业网点开立一般存款账户。如果存款人在其基本存款账户的开户银行取得借款或办理其他结算业务，则可直接通过其基本存款账户办理，无需再另外开立一般存款账户。

（3）专用存款账户的开立

单位可开立专用存款账户，用于存放具有专项用途、需要专设账户来进行专项管理的资金。这样充分体现"专户储存、专项管理、专款专用和专业管理"的账户管理原则。单位申请开立专用存款账户时，应填写开户申请书，并向银行出具其开立基本存款账户的证明文件和如表6-6所示的相关证明材料。

表6-6

开户原因	应出具的文件
基本建设资金、更新改造资金、政策性房地产开发资金、住房基金、社会保障基金	主管部门的批文
财政预算外资金	财政部门的证明
粮、棉、油收购资金	主管部门的批文

续上表

开户原因	应出具的文件
单位银行卡备用金	应按中国人民银行批准的银行卡章程的规定出具有关证明和资料
证券交易结算资金	证券公司或证券管理部门的证明
期货交易保证金	期货公司或期货管理部门的证明
收入汇缴资金和业务支出资金	基本存款账户存款人有关的证明
党、团、工会设在单位的组织机构经费	该单位或有关部门的批文或证明
其他按规定需要专项管理和使用的资金	有关法规、规章或政府部门的有关文件

（4）临时存款账户的开立

单位的临时机构经营活动产生的资金结算业务和因临时活动需要享受银行结算服务的，需要通过临时存款账户办理资金结算。不同情况下，单位申请开立临时存款账户时需要提供的证明文件有所不同，如表6-7所示。

表6-7

开户原因	应出具的文件	共同所需的资料
临时机构	其驻在地主管部门同意设立临时机构的批文	开立基本存款账户的相关证明文件
异地建筑施工及安装单位	其营业执照正本或隶属单位的营业执照正本，以及施工及安装地建设主管部门核发的许可证或建筑施工及安装合同	
异地从事临时经营活动的单位	其营业执照正本以及临时经营地工商行政管理部门的批文	
注册验资资金	工商行政管理部门核发的企业名称预先核准通知书或有关部门的批文	
增资验资	股东会或董事会的增资决议	

6.1.3 银行结算账户的变更和撤销

在银行开立了公司所需要的银行结算账户后，公司在运转过程中，也会因为一些情况的变动需要变更和撤销银行结算账户。

（1）银行结算账户的变更

若存款人的开户资料上记载的银行结算账户开户信息发生变更，就需要变更银行结算账户，这就是银行结算账户的变更。对各单位来说，其银行结算账户的信息资料是开立银行账户的证据，也是银行为单位提供结算服务的依据，若账户的信息资料发生变更而没有及时办理银行结算账户变更登记手续，很可能影响企业资金的安全，阻碍资金的收付结算。

在实际经营过程中，单位若有如图6-6所示的其中一项信息发生变更，就应向其开户银行申请办理银行结算账户的变更手续。

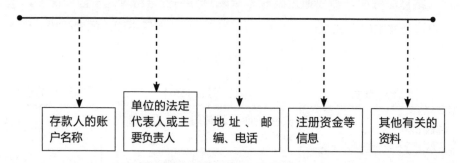

图6-6 账户资料的变更

以上信息有变更时，应及时办理变更手续，填写变更银行结算账户申请书。属于申请变更单位银行结算账户的，应加盖单位公章；属于申请变更个人银行结算账户的，应加盖个人签章。

在办理银行结算账户变更手续时，根据变更内容的重要性和办理手续的简易程度，银行对于变更银行结算账户所需提供的资料和期限等有不同的规定，具体如下所示。

◆ 单位更改名称，但不改变开户银行及账号的，应在5个工作日内向开户银行提出银行结算账户的变更申请，并按要求填写《变更银行结算账户申请书》（由开户银行统一印制），然后将申请书和其他相关证明文件提交给银行，由开户银行办理账户变更手续。

◆ 单位的法定代表人或主要负责人、住址以及其他开户资料发生变更的，应在5个工作日内书面通知开户银行并申请变更银行结算账户，同时提供有关证明。

◆ 若单位所在地还在实行下发银行账户开户许可证的政策，且变更内容属于开户许可证记载事项的，存款人办理变更手续时应上交原开户许可证，由中国人民银行当地分（支）行换发新的开户许可证。银行结算账户变更申请表如图6-7所示。

变更银行结算账户申请书		
账户名称		
开户银行代码	账号	
账户性质	基本（ ） 一般（ ） 专用（ ） 临时（ ） 个人（ ）	
开户许可证核准号		
变更事项及变更后的内容如下：		
账户名称		
地址		
邮政编码		
电话		
注册资金规模		
证明文件种类		
证明文件编号		
经营范围		
法定代表人或单位负责人	姓 名	
	证件种类	
	证件号码	
关 联 企 业	变更后的关联企业信息列在"关联企业登记表"中	
上级法人或主管单位的基本存款账户核准号		
上级法人或主管单位的名称		
上级法人或主管	姓 名	

图6-7 银行结算账户变更申请表

单位法定代表人	证件种类	
或单位负责人	证件号码	

本存款人申请变更上述银行账户内容，并承诺所提供的资料真实、有效	开户银行审核意见：	人民银行审核意见：
	经办人（签章）	经办人（签名）
存款人（签章）	开户银行（签章）	人民银行（签章）
年　月　日	年　月　日	年　月　日

填写说明：
1. 存款人申请变更核准类银行结算账户的存款人名称、法定代表人或单位负责人的，中国人民银行当地分支行应对存款人的变更申请进行审核并签署意见。
2. 填表说明：带括号的选项填"√"（一式三联，两联开户银行，一联人民银行当地分支行留存）

图6-7　银行结算账户变更申请表（续）

（2）银行结算账户的撤销

银行结算账户的撤销是指单位因不再具备开户资格或其他原因而需要终止使用银行结算账户的行为。各单位若有下列情形之一的，应向其开户银行提出申请，撤销单位银行结算账户。

◆ 被撤并、解散、宣告破产或关闭。

◆ 注销或被吊销营业执照。

◆ 因经营地迁址而需要变更开户银行。

◆ 其他原因需要撤销银行结算账户的。

有以上第1、2种情形的单位，因其已丧失经济主体的地位或不具备营业资格，所以不能再从事经济活动，应在5个工作日内主动向开户银行提出撤销银行结算账户的申请。超过规定期限未主动办理撤销银行结算账户手续的，银行有权停止其银行结算账户的对外支付的办理。

单位因上述第2、3种情形撤销基本存款账户后，需重新开立基本存款账户的，应在撤销其原基本存款账户后10日内重新开立基本存款账户。

银行在收到单位提出的撤销银行结算账户的申请后，先要审核所提交的资料，决定是否受理撤销银行结算账户的申请；对于符合销户条件的，银行应在两个工作日内为申请单位办理银行结算账户的撤销手续。银行结算账户撤销申请表如图6-8所示。

撤销银行结算账户申请表

账户名称	
开户银行名称	
开户银行代码	账 号
账户性质	基本（ ） 专用（ ） 一般（ ） 临时（ ） 个人（ ）
开户许可证核准号	
销户原因	

本存款人申请撤销上述银行账户，承诺所提供的证明文件真实、有效。

存款人（签章）
年　月　日

开户银行审核意见：

经办人（签章）　　　　开户银行（签章）
　　　　　　　　　　　年　月　日

填表说明：
1、带括号的选项填"√"。
2、本申请书一式三联，一联存款人留存，一联开户银行留存，一联中国人民银行当地支行留存。

图6-8 银行结算账户的撤销申请表

在撤销银行结算账户前，单位必须与开户银行核对银行结算账户的存款余额，同时交回各种重要的空白票据、结算凭证和开户许可证（若没有，不需要交回）。完成上述事项并审核相关资料无误后，即可办理撤销手续。若单位尚未清偿其开户银行债务，则不得申请撤销该账户。单位在撤销相关的银行结算账户时，应先将一般存款账户、专用存款账户和临时存款账户中的资金转入基本存款账户，再撤销这3类结算账户，最后方可办理基本存款账户的撤销手续。

6.1.4 银行回单的相关处理

银行回单有时也被称为银行回执单，是表明个人或单位在银行办理了业务的一种有效凭证。银行询证函和银行对账单是常见的银行回单。

（1）银行询证函

银行询证函是指会计（审计）师事务所在对各单位执行财务审计的过程中，以被审计单位的名义向银行发出的询证性书面文件。该询证函用来验证被审计单位的银行存款、借款和投资人（或股东）出资等情况以及担保、承诺、信用证和保函等其他事项是否真实、合法且完整。

一份规范且完整的银行询证函包括的内容有函名、接收询证函的银行名称、负责审计的会计（审计）师事务所名称、存款金额、借款金额、销户情况、委托存款、委托贷款、担保、承兑汇票、贴现票据、托收票据、信用证、外汇合约、存托证券、被审计单位的名称和其他重大事项等。银行询证函的编制要点如表6-8所示。

表6-8

编制要点	内容
分清余额和发生额的询证	余额是期初余额与某一时间点之前所有发生额之间相互作用产生的期末余额，而发生额是某一时间段内所有发生额的原始记录。通过询证银行余额可证实截止到某一时间点的银行余额是否真实存在或是否正确；询证银行发生额可证实某一笔银行业务是否真实发生
正确签章	发函方（即被审计单位）应签署其公章，不能以单位内部职能部门的公章代替单位公章。收函且作出回复方（银行）应根据实际核对的情况分别在"数据证明无误"或"数据不符及需要说明事项"等处签署银行的印章，并由经办人员签名或盖章
如实填写及时回复	发函方应根据本单位账簿记录的真实情况如实填写银行询证函；银行应结合相应单位的原始记录和银行询证函所记载项目进行逐一核对并填写询证函，填写完毕后要及时回复会计（审计）师事务所，并按有关规定向发函方收取询证费用
注意银行询证范围	银行询证包括有余额的银行账户、存款数额、借款、托管证券和应付票据已结清的账户
询证程序要恰当	经办会计师或审计师负责制作询证函，交给被审计单位盖章，然后由事务所向银行寄出询证函，最后从被审计单位处取得询证函的回函

续上表

编制要点	内容
备齐询证工作底稿	银行询证的名单、寄发询证函的邮费单据复印件和到银行实地询证的工作记录等底稿要齐备,附于银行有关项目审定表下

银行在收到询证函后,应按照财政部和中国人民银行的有关政策文件,作出确证答复。

(2)银行对账单

银行对账单是反映单位资金流动情况的一种单据,是本单位与外单位(如供应商、客户等)发生业务往来的详细记录,可用来核对单位的银行存款账面余额与银行对账单余额是否一致,也可用来认定单位某一时间段的资金规模情况。在单位经营过程中,除了对账工作,在验资和投资等业务中都会用到银行对账单。但银行对账单在使用时可能存在如表6-9所示的问题。

表6-9

可能存在的问题	具体描述
以现金支付交易款,银行对账单无法体现对应的业务,偷逃税款	单位只有在规定的范围内才能使用现金支付,范围以外的款项支出必须通过银行转账完成结算,这样有利于银行监控单位的经营收支情况。如果连主营业务的收入都以现金支付,不通过银行转账,则银行方无法确认该笔款项是否为收入,即达到隐瞒收入的目的,进而偷逃税款
出借银行账户,帮助其他企业和个人偷逃税款	单位作为第三方,将自己的账户借给其他企业或个人,帮助这些企业和个人利用转账支票转存和套取现金,为他们隐瞒收入,躲避需要缴纳的税款。该情况下,单位的银行对账单上会先有一笔资金收入,同时在近期又会有一笔资金支出,且金额相等,常常是整数
收入不入账,偷逃税款,银行对账单无法体现收入业务	1.企业收到现金后,不做任何账务处理,直接将该笔现金一次或分次转出; 2.企业收到现金后,不做营业收入的账务处理,而以借款或往来款的名义入账,再一次或分次核销
挪用资金,用于私人利益	这种情况一般表现为在单位的银行对账单上先出现一笔资金支付账目,然后一次或分次转回

可能存在的问题	具体描述
通过伪造银行对账单，隐瞒收入，偷逃税款	按规定，单位货币资金的管理和控制应遵循职责分工、"收支两条线"以及内部稽核等原则。而有些内部控制制度不完善的企业，很可能利用制度的漏洞伪造银行对账单，进而隐瞒营业收入，偷逃税款

（3）银行存款余额调节表

银行存款余额调节表是一种调账工具，是在单位的银行存款日记账和银行对账单的核对基础上衍生而来的，它不能作为记账凭证。

在编制银行存款余额调节表时，需要考虑单位和其开户银行的各种未达账项。在考虑了所有未达账项后，如果调节表左右两边的余额相等，则一般说明账目没有错误；如果调节表左右两边的余额不相等，则说明账目记录一定有错。银行存款余额调节表在编制时可按照不同的公式调节余额，具体有如下所示的3个。

银行对账单存款余额 + 企业已收而银行未收账项 − 企业已付而银行未付账项 = 企业银行存款日记账账面余额 + 银行已收而企业未收账项 − 银行已付而企业未付账项

银行对账单存款余额 = 企业银行存款日记账账面余额 + 企业已付而银行未付账项 − 企业已收而银行未收账项 + 银行已收而企业未收账项 − 银行已付而企业未付账项

企业银行存款日记账账面余额 = 银行对账单存款余额 + 企业已收而银行未收账项 − 企业已付而银行未付账项 + 银行已付而企业未付账项 − 银行已收而企业未收账项

通过银行存款余额调节表核对调节，该表中银行对账单的存款余额与企业银行存款日记账账面余额若相等，一般可以说明双方记账没有差错。如果经调节仍不相等，要么是未达账项未全部查出，要么是一方或双方记账出现差错，需要进一步采用对账方法查明原因，并加以更正。

通过银行存款余额调节表调节相等后的银行存款余额是当日单位可动用的银行存款实有数，企业财会人员不能依据调节后的余额做账。也就是说，对于银行已经划账，而企业尚未入账的未达账项，要等银行收款通知送达企业后财会人员才能据以入账，不能以"银行存款余额调节表"作为记账依据。

实账处理 **编制银行存款余额调节表**

2019年1月31号，乙公司银行存款账面余额为1 005 500元，而在银行打印的银行对账单余额为1 010 000元。出纳人员通过逐笔核对银行对账单和银行存款日记账，发现2019年1月31日转支125号付汽车修理费4 500元这笔业务，企业已记账，银行尚未转账。出纳人员编制了如图6-9所示的银行存款余额调节表。

银行存款余额调节表

编制单位：乙公司　　　　　　　　　　　　　　　　2019年1月份　　　　　　　　　　　　　　　金额单位：元

银行账号：5100 4321 2456 ××××　　　　　　开户行：　　　　　　　　　　　　　　　　　币种：人民币

项　　目	金　额	项　　目	金　额
企业银行存款账面余额	1005500.00	银行对账单余额	1010000.00
加：银行已收而企业未收的款项	0.00	加：企业已收而银行未收的款项	0.00

序号	记账日期	票据号码	摘　　要	序号	记账日期	票据号码	摘　　要	

减：银行已付而企业未付的款项	0.00	减：企业已付而银行未付的款项	4500.00

序号	记账日期	票据号码	摘　　要	序号	记账日期	票据号码	摘　　要	
				1	2019.1.31		转付汽车修理费	4500.00

调节后的存款余额：	1005500.00	调节后的存款余额：	1005500.00

财务主管：××　　　　复核：××　　　　　出纳：××　　　　　　　××年 ×× 月×× 日

图6-9 银行存款余额调节表

6.2 银行收付款业务的核算

银行存款是储存在单位银行账户中的款项，它是单位货币资金的组成部分。在实际业务中，超过库存现金限额的现金都要及时送存银行，成为"银行存款"。与库存现金一样，银行存款的收支业务也由出纳人员专门负责办理，每笔银行存款业务都必须根据审核无误的原始凭证填制记账凭证。

6.2.1 销售收入

销售收入即营业收入，俗称经营收入，它是指企业销售商品、自制半成品或提供劳务，使商品或产品的所有权转移给客户，而企业收到货款、劳务价款或取得价款凭证而认定的收入。销售收入一般根据不同的业务性质，划分为主营业务收入和其他业务收入。

（1）主营业务收入

主营业务收入是指企业经常性的、主要经济业务产生的收入，如制造业的产品、半成品的销售收入和提供工业性劳务作业取得的收入；商品流通企业的商品销售收入；餐饮服务业的餐饮收入；房地产企业的房屋销售收入；建筑企业的工程结算收入等。

主营业务收入是企业所有收入中最基本的一项收入，也是最主要的一项收入。而对于不同行业来说，其主营业务收入的核算内容有所不同，具体如表6-10所示。

表6-10

行业	收入内容
商品流通企业	指商品的销售收入，包括自购自销商品的销售收入、代理销售的商品销售收入、接受其他单位代销商品的销售收入以及代购代销手续费收入
工业企业	指产品销售收入，包括销售产成品和自制半成品的销售收入以及代制代修取得的收入等
施工企业	指承包工程实现的工程价款结算收入和向发包单位收取的各种索赔款
运输企业	指各类客运、货运及装卸费用收入

主营业务收入发生时计入该科目贷方，月末要从该科目借方转入"本年利润"科目的贷方，因此该科目月末结转后应无余额，也就没有借贷差。利润表中的"主营业务收入"的累计栏一般填写本会计年度期初至本月末的累计发生额。

实账处理 销售一批面粉确认主营业务收入

某粮油加工厂主要加工食用油、面粉和大米等，是小规模纳税人，适用税率为3%。2019年4月25日，销售一批面粉给某餐厅，销售额为1 900元。当天收到银行存款价税合计1 957元，并打印出如图6-10所示的银行回单。计算增值税=1 900×3%=57（元）。粮油加工厂开具了如图6-11所示的发票。根据发票和银行回单，该粮油加工厂编制了如下的会计分录。

借：银行存款　　　　　　　　　　　　　　　1 957

　　贷：主营业务收入　　　　　　　　　　　　1 900

　　　　应交税费——应交增值税　　　　　　　　57

图6-10 收到货款的银行回单

图6-11 销售面粉开具的增值税普通发票

（2）其他业务收入

其他业务收入也是营业收入的组成部分，它是指企业主营业务收入以外的所有销售商品、提供劳务和让渡资产使用权等日常活动产生的收入。如销售材料物资或包装物、转让无形资产、出租固定资产或包装物、出售废旧物资以及相关运输费等应确认的收入。对企业来说，其他业务收入不经常发生，且每笔业务金额一般较小，占收入总额的比重也比较低。

销售一批原材料给乙公司

2019年4月20日，甲公司将一批生产用的原材料让售给乙公司，专用发票列明材料价款10 000元，增值税额1 300元，共计11 300元。2019年5月10日，收到乙公司的汇款11 300元，并打印出如图6-12所示的银行回单，甲公司编制的会计分录如下所示。

①销售原材料。

借：应收账款　　　　　　　　　　　　　　11 300
　　贷：其他业务收入　　　　　　　　　　　10 000
　　　　应交税费——应交增值税（销项税额）　1 300

②收到乙公司的汇款。

借：银行存款　　　　　　　　　　　　　　11 300
　　贷：应收账款　　　　　　　　　　　　　11 300

中国建设银行客户专用回单

币别：人民币　　　　　　　　　　　　　2019年5月10日

付款人	全　称	乙公司		收款人	全　称	甲公司
	账　号				账　号	
	开户行				开户行	
金额		壹万壹仟叁佰元整		小写：11300.00		
凭证种类				凭证号码		
结算方式				用途	收到原材料款	
摘要：						

图6-12 收到货款打印的银行回单

（3）营业外收入

营业外收入是指企业发生的与其生产经营无直接关系的各项收入，包括处置固定资产净收益、非货币性资产交换利得、罚款净收入、盘盈利得和政府补助等收入。营业外收入并不是由企业经营资金耗费所产生的，所以不需要企业付出代价，实际上是一种纯收入，不需要与有关费用配比。

实账处理 **收到乙公司违约金3 700元**

甲公司收到乙公司因违反双方签订的购销合同而支付的违约金3 700元。2019年4月20日，甲公司收到乙公司汇到甲公司单位账户的3 700元，并打印了如图6-13所示的银行回单，甲公司编制了如下的会计分录。

借：银行存款　　　　　　　　　　　　　3 700

贷：营业外收入——违约金　　　　　　　　　3 700

中国建设银行客户专用回单

币别：人民币　　　　　　　　　　　　　2019年4月20日

付款人	全　称	乙公司		收款人	全　称	甲公司
	账　号	××××××			账　号	××××××
	开户行	××银行××支行			开户行	××银行××支行
金额	叁仟柒佰元整			小写：3700.00		
凭证种类				凭证号码	××××××	
结算方式				用途	收到违约金	
摘要：						

图6-13 收到违约金打印的银行回单

6.2.2 其他应收款的收入

其他应收款是指企业在日常经济业务以外发生的各种应收、暂付款项，它与应收账款都属于应收款项的重要组成部分。换句话说，其他应收款就是企业除应收账款、应收票据和预付账款等外的各种应收、暂付款。

其他应收款主要包括应收的各种赔偿款（如企业财产遭受意外损失而向有关保险机构收取的赔偿款）和罚款（如向违反规定的员工收取的罚

款），应收的出租包装物租金，租入包装物植入的押金，预付账款的转入，应向员工收取的各种代垫款项（如为员工垫付的医药费），备用金的支出与收回（如员工借备用金和归还剩余的备用金），存出保证金（如转入证券交易账户的资金），以及其他各种应收暂付款项。

实账处理 **其他应收款的核算**

1.某公司销售部员工张辉于2019年6月5日向出纳人员申请借备用金2 000元，用于出差开支。出纳人员要求其填制《借款单》，并把填好的借款单交给财务部门审核，通过后，出纳人员根据《借款单》所列金额向张辉支付2 000元现金，并相应填制了现金付款凭证，登记现金日记账。会计人员应编制如下会计分录。

借：其他应收款——备用金（张辉）　　　　 2 000

　　贷：银行存款　　　　　　　　　　　　　　　 2 000

2.2019年6月9日，早上王某和一同事在上班的路上发生交通事故，其中一位同事是轻伤，拨打120将两人送往医院，不久后，单位领导赶到医院，甲公司为两位员工支付8 000元的医药费，2019年6月23日，王某和同事将公司为其垫付的8 000元医药费汇入公司账户。甲公司编制了如下的会计分录。

借：银行存款　　　　　　　　　　　　　　 8 000

　　贷：其他应收款——垫付费　　　　　　　　　 8 000

6.2.3 银行退款及其他收入

通过本单位银行账户向其他单位的银行账户付款时，出纳人员应核对收款人的银行账户信息，要确认收款人名称、收款账号和收款银行开户行无误时再支付，如果前述信息有错写、漏写情况，会导致银行退款甚至付错款项而遭受不必要的经济损失。对企业来说，收到银行退款、银行利息以及银行借款等时，这些款项也相当于一项收入。

（1）银行退款的收入

如果出纳人员在办理付款结算时没有正确填写收款人的信息，则很可能导致付款不成功，从而发生退款收入。

实账处理　因收款银行开户行错误退回原材料货款

2019年1月4日，某餐厅向某农蔬公司购入一批原材料蔬菜，通过网上银行支付蔬菜款2 000元。2019年1月5日，因某餐厅将农蔬公司的开户行名称写错，未支付成功，款项退回该餐厅银行账户。该餐厅应编制如下的会计分录。

借：银行存款　　　　　　　　2 000

　贷：应付账款——某农蔬公司　　2 000

（2）银行利息收入

利息收入是指企业将资金提供给他人使用或因他人占用本企业资金而收取的利息收入，包括存款利息、贷款利息、债券利息和欠款利息等收入。利息收入按照合同约定的债务人应支付利息的日期来确认利息收入的实现时间。

银行利息收入是一种存款利息，即单位将自有资金存入银行时，利用与开户行协议规定的利率计算得出的利息。单位与其开户行不仅要约定存款利率，还要约定利息收入的支付频率和支付方式，比如每月月末或每个季度末结算并支付一次银行利息，且银行自动将这部分利息划入单位的银行账户中。利息收入发生时要通过"财务费用"科目核算，且计入该科目的贷方，用以冲减财务费用。

 收到银行存款利息

2019年1月30日，甲公司建行单位结算账户余额为800 000元，当期活期存款年利率为0.3%。公司已与银行约定每个月末结算并支付一次利息。所以，2019年1月30日，收到银行利息为：（800 000×0.3%）÷12=200（元），收到银行存款利息时应编制如下的会计分录。

借：银行存款 　　　　　　　　　　200

　　贷：财务费用——利息收入 　　　　200

（3）银行借款收入

银行借款指企业向银行等金融机构以及其他单位借入的、需要还本付息的资金，包括偿还期限超过一年的长期借款和不足一年的短期借款，主要用于企业购建固定资产和满足流动资金周转的需要。

◆ 短期借款

短期借款是指企业用来维持正常生产经营所需的资金或为抵偿某项债务而向银行或其他金融机构等外单位借入的、还款期限在一年以下或者一年的一个经营周期内的各种借款。

 从银行取得短期借款

2019年1月1日，丙公司处在筹建初期，向某商业银行借入10万元的借款期限不超过一年的短期借款，丙公司应编制如下的会计分录。

借：银行存款　　　　　　　　100 000

　　贷：短期借款　　　　　　　　100 000

◆ 长期借款

长期借款是指企业从银行或其他金融机构借入的期限在一年以上（不含一年）的借款。我国股份制企业的长期借款主要是向金融机构借入的各项长期性借款，如从各专业银行、商业银行取得的贷款；除此之外，还包括向财务公司、投资公司等金融企业借入的款项。

实账处理 取得200 000元的长期借款

2019年1月12日，甲公司因扩张业务，从某银行取得3年期的长期借款200 000元，年利率为4.75%，每年付息一次，期满后一次还本付息。

2019年1月12日借入长期借款时应编制如下的会计分录。

借：银行存款　　　　　　　　200 000

　　贷：长期借款　　　　　　　　200 000

长期借款以借款金额的现值进行核算，且利息费用要做分月摊销，期末时计算出摊余成本。

6.2.4 购买材料的付款

一般的生产性企业，在经营过程中经常需要购买大量的材料。为了资金的安全，通常采用银行转账方式支付货款，根据和供应商签订的购销合同，可以在收到货物和购货发票时及时付款，也可以在几个月或季度内分次付款，直至款项付清为止。

（1）见票即付

目前，很多企业在交易过程中都默认“先开具销货发票，然后购买方在规定时间内付款”这样的付款方式。也就是说，当购货方向销售方购买商品或接受劳务后，由销货方先开出销货发票，待购货方确认获取数量无误或接受相关劳务、服务后，根据发票上的价税金额向销售方付款。

实账处理 直接支付货款

某超市与货物供应商丁公司签订部分副食供销合同，合同约定，超市在收到供应商提供的商品和发票后立即付款给供应商。2019年4月13日，超市向丁公司购入一批饮料，价值3 000元，增值税税率为13%，收到丁公司如图6-14所示的发票，超市根据发票立即开具如图6-15所示的入库单，并通过网上银行转账，打印出如图6-16所示的银行回单。

四川增值税专用发票

发　票　联　　　开票日期：2019年4月16日

购买方	名称：××超市 纳税人识别号：××××× 地址、电话：××××× 开户行及账号：×××××		密码区				
货物或应税劳务、服务名称	规格型号	单位	数量	单价	金额	税率	税额
饮料					3000	13%	390
合　计							
价税合计（大写）	叁仟叁佰玖拾元整　　（小写）3390.00						
销售方	名称：丁公司 纳税人识别号：××××× 地址、电话：××××× 开户行及账号：×××××		备注				

复核：××　　开票人：××　　销售方：××

图6-14 购买饮料收到的发票

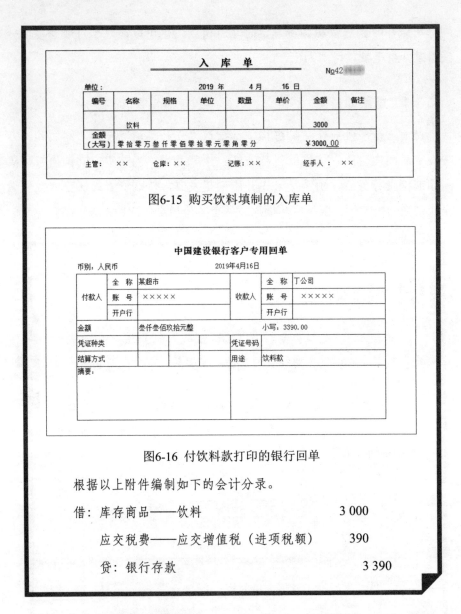

图6-15 购买饮料填制的入库单

图6-16 付饮料款打印的银行回单

根据以上附件编制如下的会计分录。

借：库存商品——饮料   3 000

　　应交税费——应交增值税（进项税额）   390

　　贷：银行存款   3 390

（2）月结或分期付款

发票是购货方已付款的凭证，在正常的商业交往中，应是销售方向购买方开具，同时交付货物。购买方在收货后，当即或在约定时间内向销售方结清货款，并依据我国发票管理的相关规定，由销售方在收到货款后才出具发票，付款方收到发票就说明销售方确已收到了相应款项。这与前述见票即付有所不同。

某些单位如果购进货物比较频繁，购进货物前可以先约定由供应商开具发票，再分期付款或者是几个月汇总后一起结算付款。这样可以避免频繁付款而发生重复付款的情况。

实账处理 **汇总付款**

某超市与货物供应商丁公司签订部分副食供销合同，因超市购进饮料比较频繁，为了提高效率，双方在合同中约定丁公司提供货物后及时提供发票，汇总两个月后一起付款。2019年4月16日，超市向丁公司购入一批饮料，价值3 000元，增值税税率为13%，收到丁公司如图6-14所示的发票，超市根据发票立即填制如图6-15所示的入库单，两个月后通过网上银行转账，打印出相应的银行回单。

首先，根据发票和入库单登记入账，编制如下会计分录。

借：库存商品——饮料　　　　　　　　　　　3 000

　　应交税费——应交增值税（进项税额）　　　390

　　　贷：应付账款——丁公司　　　　　　　　　　　3 390

两个月付款后应编制如下的会计分录。

借：应付账款——丁公司　　　　　　　　　　3 390

　　　贷：银行存款　　　　　　　　　　　　　　　　3 390

6.2.5　其他常见业务的付款

出纳人员在处理日常业务中，银行存款的业务有很多，出纳人员必须认真仔细地把好这一关。除了前述的付款业务外，还有一些较常见的付款业务，如银行退款重付、借款利息和手续费等财务费用的支付以及偿还银行借款等款项支出业务。

（1）银行退款重付

由于在填制收款人账户信息时存在写错和漏写的可能，因此会导致所付款项被退回。如果货款退回之后再次支付，则应如何做账呢？

实账处理 退款后重付

2019年3月1日，甲公司向丙公司购进一批酒水，用从银行账户中转账支付货款8 000元。2019年3月2日，因出纳人员将丙公司的账户名称写错，酒水款退回甲公司账户。

2019年3月3日，出纳人员核对账户信息后再次支付酒水款，其具体的会计分录如下。

借：应付账款——丙公司　　　　　　8 000

　　贷：银行存款　　　　　　　　　　　8 000

（2）财务费用的核算

财务费用是指企业为筹集生产经营所需资金而发生的费用，包括利息支出（减利息收入）、汇兑损失（减汇兑收益）以及相关的手续费等。注意，商品流通企业和保险企业等对汇总损益进行单独核算的，不计入财务费用。

企业发生的财务费用在"财务费用"科目中核算，并按具体的费用项目设置明细账进行明细核算。企业发生的各项财务费用借记"财务费用"科目，贷记"银行存款""主营业务收入"等科目。

除了前面提及的一些费用归集到财务费用中，金融机构手续费以及筹资发生的其他财务费用（如债券印刷费、国外借款担保费等），都要通过

"财务费用"科目进行核算。这些财务费用项目的具体内容如表6-11所示。

表6-11

项目	内容
利息支出	指企业短期借款利息、长期借款利息、应付票据利息、票据贴现利息、应付债券利息和长期应付引进国外设备款利息等利息支出(资本化的利息除外)减去银行存款产生的利息收入后的净额
汇兑损失	指企业因向银行结售或购入外汇而产生的银行买入价、卖出价与记账所采用的汇率之间的差额,以及月度(季度、年度)终了,各种外币账户的外币期末余额按照期末规定汇率折合的记账人民币金额与原账面人民币金额之间的差额等
相关的手续费	指发行债券所需支付的手续费(需资本化的手续费除外)、开出汇票的银行手续费和调剂外汇手续费等,但不包括发行股票支付的手续费
其他财务费用	如债券印刷费、国外借款担保费、企业发生的现金折扣或收到的现金折扣等

实账处理 手续费等财务费用的处理

1.2018年12月30日,甲公司的开户行建设银行收取年费10元,该款项直接从甲公司账户扣除,甲公司应编制的会计分录如下所示。

借:财务费用——银行卡年费   10

 贷:银行存款   10

2.甲公司在2019年4月12日销售给乙公司一批货物,开出的增值税专用发票注明的销售价格为5 000元,增值税税率为13%,增值税税额为650元。为鼓励客户尽早付货款,甲公司提出的现金折扣条件为:2/10,1/20,N/30。假定计算现金折扣时不考虑增值税税额。

2019年4月26日，乙公司付清甲公司货款，根据甲公司现金折扣的条件，20天内付款可享受总价5 000元、1%的现金折扣即50元（5 000×1%=50），实际付款为5 600元（5 000+650-50=5 600），甲公司应编制如下的会计分录。

借：银行存款　　　　　　　　　　　5 600

　　财务费用　　　　　　　　　　　　50

　　贷：应收账款——乙公司　　　　　　　　5 650

3.丙公司在筹建初期，于2019年6月1日向某银行借款500 000元，贷款年利率为4.75%，借款期限为3年，并于每月1日使用相对应的银行支付利息。2019年7月1日，甲公司向银行支付借款利息1 979元（500 000×4.75%÷12=1 979），甲公司应编制如下的会计分录。

借：财务费用——贷款利息　　　　　1 979

　　贷：银行存款　　　　　　　　　　　　1 979

（3）应交税费类的支付

应交税费是指企业根据在一定时期内取得的营业收入、实现的利润等，按照现行税法规定，采用一定的计税方法计提的应缴纳的各种税费。

应交税费包括企业依法应缴纳的增值税、消费税、企业所得税、资源税、土地增值税、城市维护建设税、房产税、土地使用税、车船税、教育费附加和矿产资源补偿费等税费，以及在上缴国家之前，由企业代收代缴的个人所得税等。

有些应缴纳的税费不需要预计应交数，如印花税、耕地占用税等，也就不需要通过"应交税费"科目核算。另外，"应交增值税"还应分别设置"进项税额""销项税额""出口退税""进项税额转出"和"已交税费"等专栏进行明细核算。

实账处理　应交税费的核算及支付

1.某酒店为一般纳税人,增值税税率为13%,2019年4月确认主营业务收入为800 000元,购入原材料支付的进项税额为32 000元,计算该酒店2019年4月份应缴纳的增值税并缴纳。

2019年4月应交增值税销项税额=800 000×13%=104 000(元)

2019年4月应交增值税进项税额=32 000(元)

2019年4月应交增值税额=应交增值税销项税额−应交增值税进项税额=104 000−32 000=72 000(元)

付款后根据税务机关的税款缴纳发票编制如下的会计分录。

借:应交税费——应交增值税　　　　　　　72 000

　　贷:银行存款　　　　　　　　　　　　　72 000

2.某企业2019年5月应交增值税为35 000元,根据增值税计算税金及附加并付款,其中,城市维护建设税税率为7%,教育费附加税率为3%,地方教育附加税率为2%。

城市维护建设税=35 000×7%=2 450(元)

教育费附加=35 000×3%=1 050(元)

地方教育附加=35 000×2%=700(元)

计提附加税费应编制如下的会计分录。

借:税金及附加　　　　　　　　　　　　　4 200

　　贷:应交税费——应交城市维护建设税　　　2 450

　　　　　　　——应交教育费附加　　　　　　1 050

　　　　　　　——应交地方教育附加　　　　　　700

2019年6月8日支付附加税费时,应编制如下的会计分录。

借:应交税费——应交城市维护建设税　　　2 450

```
            ——应交教育费附加        1 050
            ——应交地方教育附加       700
        贷：银行存款                 4 200
```

（4）社会保险费的缴纳

社会保险费是指依照法律、行政法规及国家有关规定，以职工工资为基数，按一定比例提取的专项费用，包括基本养老保险费、基本医疗保险费、失业保险费、工伤保险费和生育保险费，不包括纳税人为职工支付的各种商业保险费支出。如表6-12所示的是北京市2019年社保缴费比例。

表6-12

保险类型	单位缴纳比例	个人缴纳比例
基本养老保险	16%	8%
基本医疗保险	9%	2%
失业保险	0.8%	0.2%
工伤保险	0.2%～1.9%	不缴纳
生育保险	0.8%	不缴纳

不同地区的各项保费缴纳比例略有不同，但缴费的计算公式相同。

社会保险缴费标准=缴费基数×缴费比例

实账处理 支付9月份社会保险费

甲公司共有员工60人，2019年6月5日计提了2019年6月份单位和员工应缴的社会保险费164 363.49元。计提表如图6-17所示，在2019年6月10日支付费用。

计提2019年6月份社会保险费

序号	社保类别	单位金额	代缴个人金额	合计
1	基本养老	105,229.75	42,981.17	148,210.92
2	基本医疗	3,664.30	1,157.15	4,821.45
3	失业保险金	3,504.67	2,336.45	5,841.12
4	工伤保险	2,640.00		2,640.00
5	生育保险	2,850.00		2,850.00
合计		117,888.72	46,474.77	164,363.49

图6-17 计提社会保险费

首先，根据计提表编制如下的会计分录。

借：管理费用　　　　　　　　　　　117 888.72

　　贷：应付职工薪酬——基本养老保险　105 229.75

　　　　　　　　——基本医疗保险　　3 664.3

　　　　　　　　——失业保险　　　　3 504.67

　　　　　　　　——工伤保险　　　　2 640.00

　　　　　　　　——生育保险　　　　2 850.00

支付社保时编制如下会计分录。

借：应付职工薪酬——社会保险费　　117 888.72

　　其他应收款——代缴个人社会保险费　46 474.77

　　贷：银行存款　　　　　　　　　　164 363.49

（5）偿还银行借款

在企业自身流动资金短缺的情况下，会采取向银行借款的方式来获取资金进行项目投资。那么，企业偿还银行贷款要怎么编制会计分录呢？一起来看下面的案例进行学习吧。

实账
处理 **偿还某银行借款**

　　2019年3月1日，甲公司向某银行借短期借款200 000元，贷款利率为4.35%，借款期限为一年，并于每月1日支付利息。2020年3月1日，甲公司银行借款到期，甲公司应归还借款本金和最后一个月的利息200 725元（200 000+200 000×4.35%÷12=200 725）。甲公司应编制如下的会计分录。

借：短期借款　　　　　　　　　　200 000

　　财务费用——贷款利息　　　　　 725

贷：银行存款　　　　　　　　　　200 725

第7章
银行结算有多重要

银行结算是指通过银行账户的资金转移而实现款项收付的行为。即银行接受客户代收代付款项的业务，从付款单位的存款账户划出款项，转入收款单位的存款账户，以此完成经济业务之间债权债务的清算或资金的调拨。

7.1 银行结算票据如何管理

为了加强票据管理，规范票据的领用和缴销制度，出纳人员有必要了解银行结算票据的概念、管理要求及使用规范，并掌握常见票据的日常业务处理。

7.1.1 票据的概念

我国《票据法》规定的票据是狭义上的票据含义，即票据包括汇票、本票和支票这3种，与国际上的票据规范是不同的。汇票、本票和支票都属于反映一定债权债务关系、可流通且代表一定数量的货币请求权的有价证券，这些票据的持票人或收款人，都要在规定时间内向出票人或指定的付款人无条件请求支付确定金额的货币。

（1）票据的基本性质

票据这一有价证券是使其持有人具有一定权力的凭证，在商业活动中，它由出票人签发，且无条件约定自己或要求他人支付一定金额，可以流通转让。在实际经济活动中，票据除了有汇票、本票和支票，还包括各种提单、存单、股票和债券等。由票据的含义可知，其具有如表7-1所示的两个基本性质。

表7-1

基本性质	内容
货币性	票据是一种货币证券，代表一定数量的货币请求权，可在法定范围或规定条件下流通并发挥其作用。但它不是货币本身，不具有法律规定的货币强制通用效力，因此其使用范围有限

续上表

基本性质	内容
反映债权债务关系	商品、货币和其他财产的权利在交换或流通过程中，当事人各自享有该财产的一定权利和义务。为了保障当事人的权益，就要以书面形式记录、确定和表现出当事人之间发生的债权债务关系，此时票据就是进行记录的载体。换句话说，没有真实的债权债务关系，票据就不可能存在

因票据具有货币性和反映债权债务关系的性质，且可在法定范围内或条件下流通，所以它才可以发挥其汇兑、支付、结算和信用等基本功能。

（2）票据关系

由出票人依法签发票据、收款人取得票据而形成的票据关系，称为票据法律关系，对票据的基础关系（即实质关系）相比，票据法律关系是一种形式关系。因此，可根据票据法律关系的形成是否依据票据本身而产生，将票据法律关系分为票据关系和非票据关系。这两种关系之间是分离的，但也有联系，具体介绍如表7-2所示。

表7-2

相互关系	内容
分离关系	票据关系以非票据关系为基础而形成，但票据关系形成后，就会与非票据关系脱离。若不受非票据关系的影响，则为无因证券；若受非票据关系的影响，则为有因证券
票据关系与非票据关系在原因关系中的联系	若原因关系与票据关系存在于同一当事人之间，债务人可用原因关系对抗票据关系，比如A向B购货，将汇票交给B，日后A和B之间的买卖合同解除，而B持汇票向A请求付款的，A可以主张原因关系不存在而拒绝付款。这种对抗的情况只能发生在直接当事人之间，对第三人不产生效力
	持票人若在无对价或无相当对价的情况下取得票据，则其不能享受优于前手的票据权利，比如A签发汇票给B，而C窃取了B的汇票，后将其赠送给善意的D（不知情），或以低于票据面额的价格转让给D（不知情），此时C为D的前手，C不享有票据权利，则D也不享有票据权利

由于票据关系与原因关系之间存在相互作用，因此会出现票据债权和原因债权同时存在的情况。比如，当事人A和B先有买卖关系，A为了支付价款而签发支票给B，此时B享有两种债权，即原因债权（价款请求权或追索权）和票据债权（支票上的付款请求权）。在实际工作中，B应如何行使这些权利呢？具体有如图7-1所示的两种处理情况。

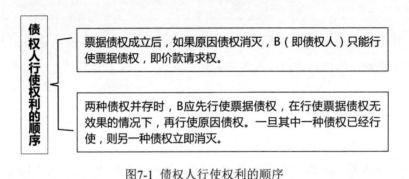

图7-1 债权人行使权利的顺序

票据关系是票据上的权利义务关系，它是基于票据当事人的票据行为而产生。票据行为又分为出票、背书、承兑、保证和付款等多种行为，相应地，票据关系就有发票关系、背书关系、承兑关系、保证关系和付款关系等多种关系。

享有票据权利、承担票据义务的法律关系主体，就是票据关系的当事人。根据我国《票据法》的规定，票据关系的当事人就是在票据上签章并承担责任和享有票据权利的人，包括出票人、持票人、收款人、承兑人、背书人、保证人、付款人和代理付款人等。这些票据关系的当事人既可以是个人，也可以是法人甚至国家。但根据这些当事人的重要程度，可将其分为基本当事人和非基本当事人，详细内容如表7-3所示。

表7-3

当事人类型	具体描述
基本当事人	指随票据作成（即出票）而出现的当事人，它是构成票据关系的必要主体。当基本当事人不存在或不完全时，票据上的法律关系就不成立，票据也就无效。比如，汇票和支票的基

续上表

当事人类型	具体描述
基本当事人	本当事人有出票人、付款人和收款人，本票的当事人有出票人和收款人
非基本当事人	指在票据作成后，通过其他票据行为而加入到票据关系中的当事人，如承兑人、保证人和背书人等

（3）票据的分类

票据可以从付款时间、出票人是否直接对票据付款以及收款人的记载方式等方面进行分类，如表7-4所示。

表7-4

分类依据	种类	说明
付款时间	即期票据	指付款人见票后必须立即付款给持票人，如支票及见票即付的汇票、本票
	远期票据	是付款人见票后在一定期限或特定日期付款的票据
出票人是否直接对票据付款	委托票据	指出票人不是票据的付款人，而是记载他人为付款人的票据，如银行承兑汇票和支票
	自付票据	指出票人自己签发的，承诺自己在见票时立即或一定期限内无条件支付确定的金额给持票人的票据，如本票、商业承兑汇票等
收款人的记载方式	记名票据	指在票据上注明收款人姓名，可由收款人以背书方式转让，付款人只能向收款人或其指定的人付款的票据
	不记名票据	指票据上不记载收款人姓名，可不经背书而直接以交付票据为表示票据的转让，付款人可以对任何持票人付款的票据

（4）票据的功能

票据的功能是指票据在经济领域中具有的作用，因其是一种金融工具，且可以作为商业信用的载体，所以被广泛使用。那么，这些形式简明、流通方便且受法律保护的票据，都有哪些功能呢？如表7-5所示。

表7-5

职能	具体描述
支付功能	是票据最简单、最原始的功能，可以简化支付手续。即票据在流通过程中用于支付时，可减少印制、清点、搬运和保管现金的麻烦；票据在债权人和债务人之间交换即代表资金结算，这样就简化了结算手续，可加速社会资金周转，提高社会经济的效益
汇兑功能	指票据与现金之间的兑换功能，可解决现金支付在空间上的障碍，缩短商品交易双方的结算时间。在汇票出现后，票据的汇兑功能更加突出。比如用汇票汇款，一般是汇款人（购买方）将款项交付给开户行，由开户行作为出票人签发汇票，直接将汇票寄往异地的收款人（销售方）开户行，或先将汇票交给汇款人，由汇款人向收款人开户行邮寄汇票，而收款人持汇票到银行兑取现金或办理转账
结算功能	指票据对经济业务中的债权、债务关系进行结算的功能。票据刚进入流通市场时，其结算功能体现在互为债权人和债务人的两位交易者之间，他们均向对方发出票据；而票据到期后，债权和债务得到行使和承担，即完成结算。这样就避免了支付实际货币，或减少了实际货币的支付数量
信用功能	指票据当事人可凭借自己或付款人的良好资金信誉开出相应的票据，使本应在将来取得或使用的货币现在就能以票据的形式取得或使用，或使本应现在支付的货币推迟到未来支付。很多票据行为都充分体现着票据的信用功能，而在众多票据信用中，银行信用最可靠，但商业信用同样重要
流通功能	指票据的转让无需通知债务人，只要票据符合要式，就可以交付或以背书方式转让票据权利。背书转让时，背书人对票据的付款承担连带保证责任，背书次数越多，则保证人就越多，票据的可靠性也就越强。在各种经济活动中，票据的流通性与货币的流通性相差无几
融资功能	指票据未到期时，权利人可持票据向银行办理贴现而融得资金。票据贴现有转贴现和再贴现之分

不同种类的票据，其功能的侧重点会有不同。汇票的主要功能是汇兑、支付、信用和流通；本票的主要功能是信用，但也常被当作汇兑、支

付和流通的工具；支票的主要功能是支付，但也可用于异地汇兑或充当流通工具，而支票的信用功能也正在逐渐被人们利用。

（5）票据的法律特征

票据是可以代替现金在市场中流通的有价证券，那么票据都有哪些法律特征呢？具体内容如表7-6所示。

表7-6

法律特征	内容
完全有价证券	票据与一定的财产权利或价值相结合，并以一定货币金额表示这些权利或价值。票据权利由票据作成而产生，随票据出让而转移，因此，票据权利与票据不可分割。占有票据就是拥有一定财产权利或价值；不占有票据就不能主张票据权利
要式证券	出票人必须根据法律规定的票据必要形式作成票据，这样票据才有效。比如，我国《票据法》规定了汇票、本票和支票等有绝对记载事项（必须记载），若这些事项没有记载，则票据无效
无因证券	票据的持票人只要拥有票据，就可以行使票据权利，无需说明其取得票据的原因、手段或途径。不仅持票人没有义务说明票据的取得原因，而且债务人也没有审查的权利，即使持票人取得票据的原因关系无效，其票据关系也不受影响。由此可见，票据的无因性有利于保障持票人的权利
流通证券	票据在到期前一般以背书转让方式在市场中流通，流通性是票据的基本法律特征，若不能流通，就不能称为票据
文义证券	票据上的权利义务必须以票据上的文字记载为准。有关票据的债权人和债务人，均应对票据上记载的文义负责，不得以任何方式或理由变更票据上文字记载的意义
设权证券	票据是创设权利，而不是证明已经存在的权利。票据一经作成，票据上的权利便随之产生。如一张空白支票，出票人在金额栏填写多少金额，该支票便具有多少金额的金钱债权
债权证券	票据创设的权利是金钱债权，票据持有人可根据票据记载的一定金额向票据的特定债务人行使付款请求权，因此票据具有金钱债权的特征

续上表

法律特征	内容
货币证券	票据是一种可代替现金完成支付和流通的工具，其给付标准是一定数额的货币，而不是货币以外的其他财产或权益
提示证券	票据持有人在行使票据权利，请求票据债务人履行票据债务时，必须向债务人提出票据，以证明其占有票据的事实
返还证券	若持票人已向票据债务人提示付款并收到票据记载金额的全部数额，应将票据交还给债务人或付款人，以示票据上的债权债务关系已经消灭。若持票人不交还票据，则债务人或付款人可拒付票据金额

🔍 **提示** *票据关系与票据原因关系的区别*

1.票据关系仅由出票人签发票据、收款人取得票据这一过程形成，发生在票据接受以后，是票据法规定的一种关系。而票据原因关系在票据被接受之前就已经存在，且不属于票据法规定的关系，在工作中，这类关系体现的是票据的实质关系或基础关系。

2.对于同一种票据行为，对应的票据关系只会有一种（如汇票与支票是担保付款关系，本票时付款关系），但对应的票据原因关系可以有多种，如买卖关系、借贷关系和赠与关系等。

3.无论票据转手多少次，各当事人之间的票据关系都是相同的，但票据原因关系仅存在于授受票据的直接当事人之间。一旦票据发生了转让，某些当事人之间的原因关系就会断裂，且前后原因关系之间没有任何联系。

（6）票据权利的取得

票据权利一般指持票人向票据债务人请求支付票据金额的权利，具体又分为付款请求权和追索权。付款请求权是第一次请求权，指持票人对票据主债务人行使请求其支付票据金额的权利；追索权指持票人在第一次请求权没有或无法实现的情况下，对票据的其他付款义务人行使请求偿还票款的权利。而票据权利的取得即获得票据权利，包括以什么方式、依据何种法律事实而取得。在我国，票据权利的取得有如图7-2所示的两项限制。

票据权利取得的限制

以欺诈、偷盗或胁迫等手段取得票据的，或者明知有前列情形，还出于恶意取得票据的，或者有重大过失取得票据的，均不得享有票据权利。

以无偿或不相当对价取得票据的，可享有一定的票据权利，但不得享有优于其前手的票据权利。

图7-2 票据权利取得的限制

票据权利的取得类型有如表7-7所示的几种。

表7-7

分类依据	类型	内容
取得方式	直接取得	指出票人作成票据并交付给收款人后，收款人即从出票人处得到票据权利
	继受取得	指持票人从对票据有正当处分权的人手里依照背书转让或者正规的交付程序而取得票据的，为继受取得。比如因背书转让而取得，因税收、继承、赠与而取得，因公司合并而取得等
取得的主观状态	善意取得	持票人在善意和无重大过失的情况下，依照票据法规定方式，支付对价后取得的票据，为善意取得。持票人善意取得的票据，应享有票据权利
	恶意取得	持票人明知转让票据者无处分或交付票据的权利，或者由于过错或疏忽大意未能得知应当或者可能知道转让人无处分权这一事实而取得票据的，为恶意取得。持票人恶意取得票据的，不享有票据权利

（7）票据权利的消灭

票据权利的消灭是指因发生一定的法律事实而使票据权利不复存在。票据权利消灭后，票据上的债权、债务关系也随之消灭。一般情况下，票据权利可因履行、免除、抵销和时效已过等事由的发生而消灭。而票据权利因在一定期限内不行使而消灭的情形有4种，如表7-8所示。

表7-8

票据权利	消灭原因
持票人对票据的出票人和承兑人的权利	见票即付的汇票、本票，其付款请求权自出票日起2年内有效。也就是说，对于见票即付的商业汇票、银行本票和银行汇票的付款请求权，若持票人在自出票日起2年内不行使，其权利消灭
持票人对支票出票人的权利	付款请求权自出票日起6个月内有效。也就是说，持票人对支票的出票人的付款请求权，自出票日起6个月内不行使，其权利消灭
持票人对前手的首次追索权	持票人对前手的首次追索权，在被拒绝承兑或者拒绝付款之日起6个月。持票人的付款请求权被拒绝后，自被拒绝承兑或者被拒绝付款之日起6个月内不行使追索权的，该项权利消灭
持票人对前手的再追索权	持票人对前手的再追索权，自清偿日或者被提起诉讼之日起3个月。根据我国《票据法》的规定，被追索人清偿了票款后，自清偿日或者被提起诉讼之日起3个月内，应向其前手行使再追索权，否则即丧失该权利

🔍 **提示** *票据权利消灭时效和票据权利丧失的区别*

票据权利消灭一般是票据权利时效经过某一特定时点而导致的票据权利义务关系消灭。票据权利丧失是持票人因遗失票据等原因导致的票据票面权利丧失。两者有以下的不同之处。

1.挽救方式不同。票据权利消灭后，民事权利义务可能还存在，可以提起民事诉讼主张合同等权利救济；而票据权利丧失可以向法院申请公示催告程序等权利救济。

2.后果不同。票据权利消灭是票据权利义务永远消灭；而票据权利丧失后可通过一定方法恢复，票据权利恢复后，仍然可以主张票据权利。

（8）票据权利的行使和保全

票据权利的行使是指票据债权人请求票据债务人履行其票据债务的行为。票据债权人应在票据债务人的营业场所和营业时间内行使票据权利；票据债务人无营业场所的，应在其住所地行使票据权利。

票据权利的保全是指票据债权人按照《票据法》的有关规定采取措施

防止票据权利丧失的行为，如作出拒绝证书。

对于票据债权人来说，要想顺利行使或保全票据权利，就得明确票据的各个债务人，如图7-3所示。

主债务人
是票据所记金额的最终偿还义务人，不享有再追索权。如本票的出票人、汇票的承兑人。

次债务人
票据关系上除了主债务人之外的其他债务人。如本票上的背书人和保证人；汇票上的出票人、背书人及保证人；支票上的出票人、背书人及保证人。

图7-3 票据债务人的分类

（9）银行票据的风险

根据票据的不同性质，可将其分成很多种类。由于大部分人对票据的认识不够，导致缺乏票据真伪和票据有效性的鉴别能力，进而使得票据的使用存在许多风险。票据的风险一般包括由于票据的伪造、变造，不当方式（如恶意或重大过失取得）取得，票据行为无效或有缺陷以及有关人员经验或能力不足等引起的，给有关当事人造成利益损失的风险。如表7-9所示的是票据风险形成原因中的票据伪造与变造的对比。

表7-9

票据风险的成因	概念	说明
票据的伪造	指假借他人名义签发票据的行为，如伪造出票人签名，伪造他人印章，以及盗用他人真正的印章后签发票据等	由于票据的债务人不能及时了解该票据是伪造的，因此不能及时采取措施，会使许多人继续接受该票据而成为票据的直接或间接受害者。原则上讲，票据发生伪造后，该票据无效，其损失应由伪造者承担
票据的变造	指未经授权或无权变更票据内容的人，擅自变更票据上依法记载的有效要件的行为	票据发生变造后，会影响一部分票据关系当事人的利益，从而引起票据风险。但这种情况下的票据本身还是合法有效的

在票据的使用过程中，为了防范票据风险，票据关系的各当事人要学会鉴别票据的真伪。如图7-4所示的是鉴别汇票真伪来防范风险的一些鉴别操作。

商业汇票看外观

商业汇票中的银行承兑汇票的印刷有着严格的规定，其色泽、尺寸和花纹图案等都有不同于其他重要空白凭证的特点，主要表现在：各签发行都有各自银行特定的暗记和行徽，在紫光灯照射下，其水印图案和各色纤维清晰可见；冠字号码在汇票背面呈红色渗透效果等，这些都是银行承兑汇票防伪的第一道屏障。

看汇票票面的必须记载事项

不同的汇票，其票面必须记载事项会有细微的差别，如银行汇票必须记载事项有表明"银行汇票"的字样、无条件支付的承诺、出票金额、付款人名称、收款人名称、出票日期和出票人签章。而商业汇票必须记载的事项有表明"商业承兑汇票"或"银行承兑汇票"的字样、无条件支付的委托、确定的金额、付款人名称、收款人名称、出票日期和出票人签章。必须记载事项缺一不可，否则票据行为无效。

查看汇票专用章的真伪

各银行都有自身统一刻制的汇票专用章，规格和字间距等都是确定的。汇票的授受当事人可到汇票签发行的就近营业网点查对汇票专用章，辨别汇票的真伪。

图7-4 防范汇票使用风险的部分操作

7.1.2 票据行为的内容和特点

广义的票据行为是指以发生、变更或消灭票据的权利义务关系为目的的法律行为，包括出票、背书、涂改、禁止背书、付款、保证、承兑、参加承兑、划线和保付等。狭义的票据行为是票据当事人以负担票据债务为目的的法律行为，包括出票、背书、承兑、参加承兑、保证和保付6种。

（1）票据行为的内容

在票据的流通过程中，各有关当事人都应在票据上签章，按照票据记载的事项承担各自的票据责任，同时行使各自的票据权利。由此产生的各种票据行为，都具有法律效力，具体内容如表7-10所示。

表7-10

票据行为	内容
出票	指出票人按照法定格式作成票据并将其交给收款人的行为。该票据行为中的"作成"和"交付"这两种行为缺一不可。"作成"就是出票人按规定在票据上记载法定内容并签章;"交付"就是出票人在自愿的情况下将自己开出的票据交给收款人的行为。如果出票人在非本人意愿情况下交出票据,则不能称为"交付",也就不能称为出票行为
背书	票据的背书行为体现的是票据权利的转让,实际工作中常将该票据行为称为"背书转让"。票据权利会随着票据的背书转让而转移到被背书人的手中,这就说明票据的背书行为促使票据在市场中流通,且流通过程中只有持票人才能进行票据背书
承兑	该票据行为是汇票独有的,是汇票的付款人承诺负担票据债务的行为。因为汇票的出票人和付款人之间是委托关系,由出票人签发汇票,并委托付款人向收款人或持票人付款。但是,汇票签发后,付款人不一定会付款,而收款人或持票人为了保证自己能顺利收到款项,就会在汇票到期前向付款人提示承兑,只有付款人承诺会承担付款责任时才会签字承兑
参加承兑	指除票据承兑人之外的第三人为了阻止持票人在汇票到期日前行使追索权,而代替承兑人进行承兑的一种票据行为。这一行为通常在汇票得不到承兑,付款人或承兑人死亡、逃亡或因其他原因无法承兑,以及付款人或承兑人被宣告破产等情况下发生
保证	这是一种附属票据行为,是票据债务人以外的其他人担保票据债务有效履行,进而与债务人一起负担同一内容的票据债务的行为。汇票和本票会涉及该票据行为,支票不涉及
保付	这也是一种附属票据行为,是支票的付款人向持票人承诺担负绝对付款责任的一种行为。支票一经付款人保付,就要在支票上注明"照付"或"保付"等字样,签名盖章后,无论出票人在付款人处是否有足额的资金存储,也不论持票人在规定期限内是否进行了付款提示,更不论出票人是否撤回了付款委托,付款人都要担负绝对付款的责任,并按规定向收款人或持票人付款

　　票据的各当事人对应的票据行为主要体现在当事人将行为的意思按规定方法记载在票据上,并由各当事人签章后交付票据。也就是说,票据行为在票据流通过程中体现为记载、签章和交付3方面,如表7-11所示。

表7-11

具体操作	内容
记载	指票据的各当事人根据自己的票据权利和义务，在票据上写明需要记载的内容。比如，签发票据时应写明票据的种类、无条件支付的委托或承诺、一定的金额、签发票据的日期以及其他需要记载的内容；承兑或保付时，要注明"承兑"或"照付"等字样；保证时，要注明"保证"或"担保"等字样
签章	指签名或盖章，签名+盖章，表明签名或盖章的人对其行为承担责任。根据我国《票据法》的规定，票据上的签名或盖章必须是票据当事人的本名，不能用其笔名或艺名。自然人签章就是在票据上书写自己的名字或加盖个人私章；法人和其他单位的签章就是在票据上加盖单位的公章和法定代表人或其授权代理人的签章
交付	指将票据交付给下一位持票人，交出票据的人要在票据上记载相关内容并签章，在下一位持票人实际收到票据时，票据交付行为才发生，票据才产生相应的法律效力

（2）票据行为的特点

票据行为与一般的法律行为相比，具有5个特点，如表7-12所示。

表7-12

特征	内容
要式性	票据的各种行为必须按照《票据法》的相关规定进行，由于票据行为均体现在票据上，行为人必须严格按照规定的格式在票据上记载法定事项，必须签章，这样票据行为才有法律效力，因此，票据行为具有较强的要式性
文义性	票据行为的文义性是要式性的体现，票据行为的具体内容要根据票据上记载的文义而定。比如，票据金额要以中文大写和阿拉伯数字小写同时记载，且二者必须一致票据才有效
无因性	指票据的原因关系发生改变时，不会影响票据关系和票据行为的效力。也就是说，票据行为只要具备法定形式要件，就具有法律效力。比如，A因向B购买了货物而向B签发汇票来支付货款，之后A发现向B购买的货物有质量问题，此时A对B承担的票据责任并没有消失，即A仍然负有支付货款的责任，而货物质量问题要按其他方法另行解决

续上表

特征	内容
独立性	指同一票据上的各种票据行为之间互不影响,各自独立发生法律效力。比如,出票人无行为能力,但票据背书人和承兑人等有行为能力,则出票行为无效,背书和承兑行为有效;保证时,保证人的保证行为具备要式,但被保证的债务不存在或有误,此时保证行为有效,被保证债务无效等
连带性	指同一票据的各行为人均对最终持票人承担连带责任。因为票据行为的无因性和独立性使得持票人的权利实现受到限制,所以为了保护持票人的票据权利,我国《票据法》就对票据的出票人、背书人、承兑人和保证人等作出了承担连带责任的规定

（3）票据行为成立的基本条件

票据行为是一种民事法律行为,所以它必须符合民事法律行为成立的一般条件。根据《民法通则》和《票据法》的有关规定,票据行为的成立必须符合以下基本条件,如表7-13所示。

表7-13

成立条件	说明
行为人必须具有做出票据行为的能力	做出票据行为的能力包括权利能力和行为能力。权利能力指票据的行为人可享有票据上的权利和承担票据上的义务的资格;行为能力指票据的行为人可通过自己做出的票据行为取得票据上的权利或承担票据上的义务
行为人的意思表示必须真实或无缺陷	由于票据行为具有要式性和文义性,因此票据行为的成立就要求票据的行为人的内心意思与票据上的记录要一致,或者内心意思与票据记录不存在法律上的缺陷或障碍。比如以欺诈、偷盗或胁迫等手段取得票据的,属于行为人意思表示在法律上有欠缺,因此票据的取得行为不成立
票据行为的内容必须合法	票据行为是票据活动的体现,票据行为的内容必须合法是指票据行为本身必须合法,即票据行为的实施程序、记载内容等要合法,这就要求票据活动必须遵守法律、法规且不损害社会公共利益。而票据的原因关系涉及的行为是否合法,就与票据行为是否合法无关。比如,票据出票人签发票据是出于买卖关系,若买卖关系违反法律、法规而无效,则不影响票据行为的合法性

续上表

开立条件	说明
票据行为必须符合法定形式	票据行为是一种要式行为，因此必须符合法律、法规规定的形式。比如，必须记载事项要填写完整，缺一不可；签章必须正确、齐备；金额大写必须符合汉字大写的书写规则

（4）票据的代理

票据代理是指票据的代理人根据被代理人的授权，以被代理人的名义实施票据代理的行为。票据的代理必须符合如图7-5所示的要件。

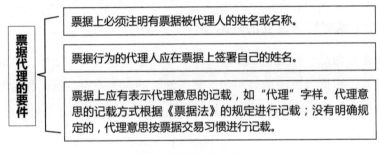

图7-5 票据代理的要件

票据代理这一行为具有法律意义，代理人接受被代理人的委托而代理实施某项票据行为后，被代理人要承担票据代理行为带来的法律后果。在实际工作中，票据代理的方式有如表7-14所示的3种。

表7-14

票据代理方式	说明
代理人以自己的名义在票据上签名	指代理人在票据上签名时只出示了代理授权文件，且注明的是"××代理人"字样而不是"为本人代理"字样。这种代理方式下的代理行为是代理人自己的行为，由其自负票据上的责任，与被代理人无关
代理人以其代理的本人名义在票据上签名	此代理方式下，票据上的责任应由被代理人本人直接负责
代理人签名并注明"为本人代理"字样	此代理方式下，应由被代理人自负票据上的责任

从法律意义上讲，上述3种代理方式中，只有后两种才是真正的票据代理行为。而票据代理行为中有一些不符合规定的代理，分别是无权代理和越权代理。其中，无权代理的构成要件有如下3点。

◆ 行为人做出的行为具备代理行为的表面特征。

◆ 行为人以他人名义实施的行为意思表示，没有代理权。

◆ 行为人在代理行为中与第三人之间所做的行为不是违法行为。

这里的无权代理不是票据代理的种类，只是有代理意思但缺乏代理权而不产生代理效力的行为。如表7-15所示的是无权代理发生效力的情况。

表7-15

情形	内容
被代理人追认	不仅是无权代理，超越代理权或代理权终止后的行为等，代理人的行为都没有效力，但如果经过被代理人追认，则被代理人就要承担民事责任，同时即刻发生有权代理的效力。如果被代理人拒绝承认代理人的代理权，则代理人自行承担民事责任
视为本人同意	本人知道他人以本人名义实施票据代理而不作否认表示的，视为同意他人的票据代理权

在票据代理过程中，催告权指被代理人追认前，相关当事人可依照自己的意愿请求被代理人对是否追认代理权作出明确的意思表示的权利；撤销权指相关当事人在被代理人行使追认权前撤回其对无权代理人已经作出的意思表示的权利。

实账处理 票据的无权代理

靳女士的闺蜜韩女士在市里的某个小区有一套自住房，由于其经常出差，房屋长期空置，于是邀请靳女士到自家住下，这样还方便靳女士上班。时间久了，靳女士发现闺蜜的确很少在家住，于是想着将房子的空房间租出去，收一些租金补贴家用。

在靳女士将房间出租后不久，其闺蜜韩女士出差回家，发现家里住了陌生人，就向靳女士了解情况。最后韩女士要求靳女士收回出租的房间，并赔偿了租客的损失。

解析：靳女士与韩女士虽然是闺蜜关系，但从法律上讲，靳女士没有得到韩女士的同意就将房间出租出去，属于无权代理的出租行为，因此，靳女士与租客之间签订的租房合同无效。但靳女士与租客之间确实发生了实质性的出租关系，所以需要由靳女士承担向租客支付赔偿金的责任。

越权代理是指代理人虽然享有代理权，但在实施代理行为时超越了代理权的范围。因为代理人超越代理权限而做出的票据代理行为属于无代理权，所以越权代理是一种无权代理。越权代理的构成要件如图7-6所示。

越权代理的构成要件

- 代理人有代理权。这是越权代理与一般无权代理的本质区别，也是构成越权代理的前提。

- 代理人超越代理权限实施票据代理行为，使被代理人增加了票据义务的负担。这是票据越权代理的核心条件。

- 代理行为符合票据代理的形式要件，且票据行为无瑕疵。这一点与票据有权代理相同。票据越权代理的表现形式多种多样，一般认为，凡是足以使被代理人债务增加的代理行为，均属于票据的越权代理。

图7-6 越权代理的构成要件

尽管越权代理有别于狭义的无权代理，但在民法上通常规定其效力与无权代理的效力相同。也就是说，无权代理的代理行为无效，越权代理的代理行为也无效。

相关法律、法规为了保护票据行为中的善意第三人（即持票人）的利益，特规定了无论是无权代理还是越权代理，票据责任都由代理人自负。

钟强是某服装制造公司的一名采购员，某月该公司业务量较大，为了及时完成订单，于是决定新购进一批生产服饰的机器设备。公司领导向采购部下发的采购计划中，确定机器设备的采购数量为10台，预算在8万元以内。当钟强联系了一些服装生产设备的制造商后，选出了一家自称多买两台就以6 000元/台出售的制造商，他想，反正购买12台总共也只花费72 000元，没有超过采购预算。于是私自与该制造商签订了购买12台服装生产设备的合同。

解析： 钟强是该服装制造公司的一名采购员，本身具有服装采购的代理权，也就是按照公司下发的采购计划代理采购物资。但是，钟强在采购时，没有按照公司下发的采购计划10台进行采购，而自行与设备制造商签订了采购12台设备的合同，这属于采购的越权代理。若公司认同了（即发生追认），则钟强无需承担任何责任；但如果公司不认同这多余的两台设备，则钟强要承担其越权代理的责任。

（5）票据行为无效

票据行为无效是指票据行为本身因不符合《票据法》规定的要件而不产生票据效力。具体来说，指出票、背书、承兑和保证诸多行为中的单个或数个行为无效。根据票据行为独立性原理，某一票据行为无效并不影响其他票据行为的效力。除出票时的形式欠缺情形外，其他票据行为无效，不会影响整个票据的效力。导致票据行为无效的因素有如下的3点。

◆ 被保证的票据债务自始至终不存在。

◆ 使被保证的票据债务得以发生的票据行为在形式上不完备。

◆ 票据保证行为本身在形式上不完备。

7.1.3 银行结算票据的填写要求

相关行为人在票据上签章是票据行为生效的一个重要举措，因此，票据上的签章是票据的绝对记载事项。若没有票据签章，相应的票据行为就无效。如表7-16所示的是一些法规对票据签章作出的规定。

表7-16

签章种类	要求
银行汇票的出票人和银行承兑汇票的承兑人在票据上的签章	为经中国人民银行批准使用的某银行汇票专用章和法定代表人或其授权的代理人的签名或者盖章
商业承兑汇票的出票人在票据上的签章	为该法人或该单位的财务专用章或者公章加其法定代表人、单位负责人或者其授权的代理人的签名或者盖章
支票的出票人和商业承兑汇票的承兑人的签章	为其预留银行的签章
银行本票的出票人在票据上的签章	为经中国人民银行批准使用的某银行本票专用章和法定代表人或其授权的代理人的签名或者盖章
单位在票据上的签章	为该单位的财务专用章或者公章加其法定代表人或其授权的代理人的签名或者盖章
个人在票据上的签章	为该个人的签名或者盖章

但是，根据有关文件的规定，银行汇票和银行本票的出票人以及银行承兑汇票的承兑人在票据上加盖的是某银行的公章而不是符合规定的专用章的，或者支票的出票人加盖的是出票人的公章而不是加盖的与出票人在银行预留签章一致的财务专用章的，签章人都要承担相应的票据责任。

不同行为人在票据上的签章不符合规定的，其产生的结果也会不同。比如，出票人在票据上的签章不符合规定的，票据无效；承兑人、保证人和背书人在票据上的签章不符合规定的，或者无民事行为能力或限制民事行为能力的人在票据上签章的，签章无效，但不影响其他符合规定的签章的效力，也不影响背书人的前手的符合规定的签章的效力。

票据行为具体体现到票据上的各种记载事项上，根据这些记载事项的重要程度和是否必须记载的要求，可分为绝对记载事项、相对记载事项和非法定记载事项等。绝对记载事项是《票据法》明确规定必须记载的，若不记载，则票据无效；相对记载事项是某些应该记载但未记载，不记载时不会使票据失效的事项；非法定记载事项指《票据法》规定由票据当事人自行选择是否记载的事项。如表7-17所示的是这3类记载事项的记载要求。

表7-17

记载事项	要求
绝对记载事项	绝对记载事项是绝对必要的，具体有：表明"银行汇票""银行本票""银行承兑汇票""商业承兑汇票"和"支票"等字样；无条件支付的委托或承诺（即不得记载"货物到达后付款""货物交付后付款"等条件）；确定金额（支票金额可授权补记）；付款人名称（本票不必记载此项）；收款人名称（支票不必记载此项）；出票日期；出票人签章
相对记载事项	相对记载事项是相对必要的，一般是对一些未记载事项的认定，具体有：付款日期，未记载则为见票即付；付款地，据以进行票据提示或确定拒绝证书的作成地或诉讼管辖（汇票上未记载的，付款人的营业场所、住所或经常居住地为付款地；本票上未记载的，出票人的营业场所为付款地；支票上未记载的，付款人的营业场所为付款地）；出票地（汇票上未记载的，出票人的营业场所、住所或经常居住地为出票地；本票上未记载的，出票人的营业场所为出票地；支票上未记载的，出票人的营业场所、住所或经常居住地为出票地）
任意记载事项	指《票据法》不强制票据当事人必须记载而允许当事人自行选择是否记载，不记载时不影响票据效力，记载时则产生票据效力的事项。比如，出票人在票据上记载"不得转让"字样时，票据不得背书转让；若不记载"不得转让"字样，则票据可以按规定背书转让，此时的"不得转让"字样就是任意记载事项

有些票据的内容非常重要，且《票据法》规定这些内容不得更改，若更改，票据就无效，比如票据金额、出票日期和收款人名称等。因此，票据的各当事人在行使票据权利、做出票据行为前，应严格审查这些重要内容是否有更改痕迹。若确实因记载错误或其他必要原因而需要修改内容的，只能由出票人重新签发票据。如果付款人或代理人对重要内容发生更改的票据做出了付款行为，则需自行承担相应的票据责任。

7.2 银行结算的种类和方法

我国企业采用的银行结算方式有很多，如汇兑、托收承付、委托收款和国内信用证等，除此之外，还有票据结算方式，如支票、银行本票、银行汇票和商业汇票等。本节将主要介绍各种票据的结算方式，了解它们的类型和使用规范。

7.2.1 汇票结算

汇票是出票人签发，委托付款人在见票时或者在指定日期无条件支付确定的金额给收款人或者持票人的票据。

（1）汇票的分类

汇票是一种无条件支付的委托或承诺，一般有3个基本当事人：出票人、付款人和收款人。不同分类依据下，汇票分类如表7-18所示。

表7-18

分类依据	种类	概念
出票人	银行汇票	出票人和付款人均为银行的汇票
	商业汇票	出票人为企业法人、公司、商号或者个人，付款人为其他商号、个人或者银行的汇票
附属单据	光票汇票	汇票本身不附带货运单据就可以直接付款，银行汇票多为光票
	跟单汇票	又称信用汇票或押汇汇票，是需要附带提单、仓单、保险单、装箱单或商业发票等单据，才能进行付款的汇票，商业汇票多为跟单汇票，且在国际贸易中经常使用

续上表

分类依据	种类	概念
付款时间	即期汇票	指持票人向付款人提示付款后对方立即付款的汇票，又称见票即付汇票
	远期汇票	是在出票一定期限后或特定日期付款。这类汇票中，记载一定的日期为到期日并于到期日付款的，为定日付款汇票；记载出票日后一定期间内付款的，或记载见票后一定期间内付款的，均为定期付款汇票；将票面金额划为几部分，并分别指定到期日的，为分期付款汇票
承兑人	商业承兑汇票	以银行以外的任何商号或个人为承兑人的汇票
	银行承兑汇票	承兑人是银行的汇票
流通地域	国内汇票	只能在国内流通的汇票
	国际汇票	国内国外都可以使用的汇票

（2）汇票的使用

汇票是国际结算中使用最广泛的一种信用工具，它是一种委付证券，其使用规范如表7-19所示。

表7-19

票据行为	使用规范
出票	出票是主要的票据行为，其他行为均以因出票行为而签发的票据为基础而发生，因此，其他行为是附属票据行为或从票据行为。出票后，出票人就承担汇票的承兑或付款责任
提示	提示是收款人或持票人将所持汇票提交给付款人要求承兑或付款的行为，因此提示包括承兑提示和付款提示
承兑	远期汇票的付款人在汇票上签字确认，承诺在汇票到期时付款的行为。该行为包含两个必要举动，一是付款人在汇票正面注明"承兑"字样和承兑日期，同时签章；二是承兑人将已经作出承兑的汇票交还给持票人
背书	指汇票的收款人或持票人在票据背面记载有关事项而使票据权利被转让，同时签字的行为。根据记载事项的不同，分为空白背书、特别背书和限制性背书

续上表

票据行为	使用规范
付款	指即期汇票的付款人和远期汇票的承兑人在受理付款提示时，向提示付款的汇票合法持票人足额付款的行为。汇票一经付款，其代表的债权债务关系即刻终止。付款人在付款时要确保提示付款是善意的，若有背书转让行为，要确保背书是连续的
拒付	持票人持汇票提示承兑或提示付款时，因付款人避而不见、出逃或隐匿、死亡或宣告破产及其他原因而遭到付款人拒绝承兑或拒绝付款的行为，以致持票人无法实现提示这一票据行为，均称为拒付
追索	按规定，汇票的持票人遭到拒付后具有追索权，即有权向其前手（出票人或背书人）要求偿付汇票金额、利息和其他费用的权利。追索前，必须按规定由付款人作成拒绝证书，以证明持票人已进行提示而未得到承兑或付款；或者由付款人发出拒付通知，用以通知其前手关于拒付的事实，使其做好偿付并进行再追索的准备
贴现	指远期汇票经承兑后，汇票持有人在汇票尚未到期前在贴现市场上转让汇票，受让人扣除贴现息后将票款付给出让人（原票据持有人）的行为，或银行购买未到期票据的业务
保证	汇票责任当事人以外的第三人对汇票的部分或全部金额保证付款的行为。经过保证的汇票，其信用会提高

实账处理 收到商业承兑汇票的处理

2019年1月5日，甲公司销售一批商品给丙公司，总价款200 000元，甲、丙两家公司通过协商约定，丙公司签出一张由其承兑的200 000元的商业承兑汇票，如图7-7所示。到期日为2019年3月5日。

2019年1月5日，甲公司收到丙公司承兑的商业汇票时应编制如下的会计分录。

借：应收票据　　　　　　　　　　　200 000

　　贷：应收账款　　　　　　　　　　　200 000

2019年3月1日，甲公司提示乙公司付款后，收到商品货款并存入银行，甲公司应编制如下的会计分录。

借：银行存款　　　　　　　　　　　200 000

　　贷：应收票据　　　　　　　　　　　200 000

商业承兑汇票

出票日期 贰零壹玖 年 零壹 月 零伍 日

付款人	全　称	丙公司		收款人	全　称	甲公司										
	账　号				账　号										
	开户银行				开户银行										
出票金额	人民币 贰拾万元整（大写）						千	百	十	万	千	百	十	元	角	分
							￥	2	0	0	0	0	0	0	0	0
汇票到期日（大写）	贰零壹玖年零叁月零伍日		付款人开户行	行号											
交易合同号码				地址											

本汇票已经承兑，到期无条件支付票款。

承兑人签章

承兑日期　2019 年 1 月 5 日

本汇票请予以承兑，并于到期日付款

出票人签章

图7-7 出票人作成商业承兑汇票

7.2.2 本票结算

本票是一项书面的无条件的支付承诺，由一个人作成，并交给另一个人，经制票人签名承诺，即期、定期或在可以确定的将来时间，支付一定数目的金额给一个特定的人或其指定人或来人。

我国《票据法》对本票的定义指的是银行本票，指出票人签发的，承诺自己在见票时无条件支付确定金额给收款人或者持票人的票据。

（1）本票的分类

本票的划分方法多种多样，根据不同的划分标准可分为不同的种类，如表7-20所示。

表7-20

分类依据	种类	概念
付款时间	即期本票	指见票即付的本票，其持票人自出票日起可随时要求出票人付款
	远期本票	指其持票人只能在票据到期日才能请求出票人付款的本票
是否记载明确的收款人	记名本票	票据的收款人必须签名盖章方可领取票款的本票。我国银行结算办法规定，本票一律记名
	不记名本票	记名本票与不记名本票是以本票记载权利人方式为标准而对本票所作的一种分类。不记名本票指的是在票面上并不记载权利人（收款人）的名称，而只是写明"来人"为收款人的本票
金额记载方式	定额本票	是指凭证上预先印有固定面额的银行本票。定额银行本票的面额只有1 000元、5 000元、1 0 000元和50 000元这4种
	不定额本票	是由银行签发的，承诺自己在见票时无条件支付确定金额给付款人或者持票人的本票
支付方式	现金本票	指在票面上注明"现金"字样，可以通过向银行支取现金的方式来进行支付结算的本票
	转账本票	指通过银行账户转移资金的方式来进行支付结算的本票

（2）本票的特征

与其他票据相比，本票有如表7-21所示的3个特点。

表7-21

特征	说明
自付证券	它是由出票人自己对收款人支付并承担绝对付款责任的票据。这是本票和汇票、支票最重要的区别
基本当事人少	本票的基本当事人只有出票人和收款人

续上表

特征	说明
无须承兑	本票是由出票人本人承担付款责任，无须委托他人付款，所以本票无须承兑就能保证付款

（3）本票的用途

本票根据其特有的特征，在实务中也有相应的用途，如图7-8所示。

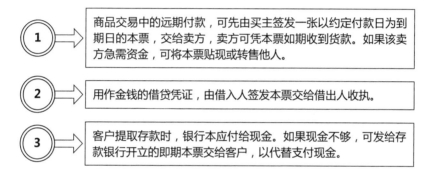

1. 商品交易中的远期付款，可先由买主签发一张以约定付款日为到期日的本票，交给卖方，卖方可凭本票如期收到货款。如果该卖方急需资金，可将本票贴现或转售他人。

2. 用作金钱的借贷凭证，由借入人签发本票交给借出人收执。

3. 客户提取存款时，银行本应付给现金。如果现金不够，可发给存款银行开立的即期本票交给客户，以代替支付现金。

图7-8 本票的用途

（4）使用银行本票应注意的事项

银行本票在不同的操作过程中，应注意一定的事项，如表7-22所示。

表7-22

事项	内容
是否可以支取现金	银行本票可用于转账，但填明"现金"字样的银行本票也可用于支取现金，且现金银行本票的申请人和收款人均为个人
是否可以背书转让	银行本票可以背书转让，但填明"现金"字样的银行本票不能背书转让
提示付款期限	银行本票的提示付款期限自出票日起2个月
丧失银行本票	银行本票丧失一般是指银行本票丢失，失票人可以凭人民法院出具的享有票据权利的证明，向出票银行请求付款或退款

事项	内容
提示付款签章	在银行开立存款账户的持票人向开户行提示付款时，应在银行本票背面签章，签章必须与预留银行签章相同。未在银行开立存款账户的个人持票人，持注明"现金"字样的银行本票向出票银行支取现金时，应在银行本票背面签章，记载本人身份证件名称、号码及发证机关

实账处理 用银行本票结算的处理

2019年2月22日，甲公司从乙公司购进一批货物，用银行本票结算，当天甲公司将单位账户的5 000元存入本票中，填制了如图7-9所示本票，并到银行进行办理，甲公司应编制如下的会计分录。

图7-9 用银行本票支付货款

借：其他货币资金——银行本票（乙公司）　　　5 000

贷：银行存款　　　　　　　　　　　　　　　　5 000

7.2.3 支票结算

支票是指出票人签发的委托银行等金融机构于见票时支付一定金额给

收款人或其他指定人的一种票据。

（1）支票的特点

出纳人员经常使用的支票究竟有哪些特点呢？如图7-10所示。

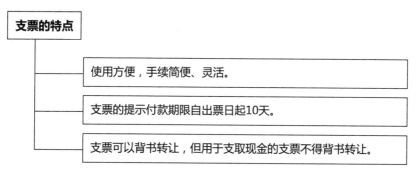

支票的特点

- 使用方便，手续简便、灵活。
- 支票的提示付款期限自出票日起10天。
- 支票可以背书转让，但用于支取现金的支票不得背书转让。

图7-10 支票的特点

（2）支票的使用

支票在使用过程中需要注意什么呢？在遇到问题时如何处理呢？如图7-11所示的是支票在使用过程中的要点说明。

支票的使用

- 支票提示付款期为10天（从签发支票的当日起，到期日遇节假日顺延）。
- 支票一律记名，转账支票可以背书转让。
- 支票签发的日期、大小写金额和收款人名称等不得更改，其他内容有误，可以划线更正，并加盖预留银行印鉴之一证明。
- 支票发生遗失，可以向付款银行申请挂失；挂失前已经支付的，银行不予受理。
- 出票人签发空头支票、印章与银行预留印鉴不符的支票以及使用支付密码但支付密码错误的支票，银行除将支票做退票处理外，还要按票面金额处以5%但不低于1 000元的罚款。另外，持票人有权要求出票人赔偿支票金额2%的赔偿金。

图7-11 支票的正确使用

（3）支票的分类

在支票的使用过程中，不同的情况使用不同种类的支票。那么票据有哪些分类呢？如表7-23所示。

表7-23

类型	说明
记名支票	是在支票的收款人一栏写明收款人姓名，如"限付××"或"指定人"，取款时须由收款人签章，方可支取现金的支票
不记名支票	又称空白支票，支票上不记载收款人姓名，只写"付来人"字样。取款时持票人无须在支票背后签章，即可支取。此项支票仅凭交付而转让
划线支票	是在支票正面划两道平行线的支票。划线支票与一般支票不同，划线支票非由银行经办不得领取票款，故只能委托银行代收票款入账
保付支票	是指为了避免出票人开出空头支票，保证支票提示时付款，支票的收款人或持票人可要求银行对支票"保付"。保付支票提示时，不会退票
旅行支票	是银行或旅行社为旅游者发行的一种固定金额的支付工具，是旅游者在出票机构用现金购买的一种支付手段

（4）支票的申办事宜

同城票据交换地区内的单位和个人之间的一切款项结算，均可使用支票。支票的申办事宜如图7-12所示。

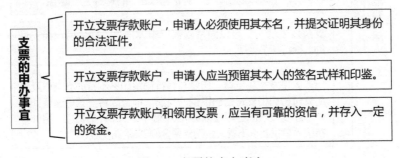

图7-12 支票的申办事宜

支票的业务处理

2019年4月3日，甲公司填制了如图7-13所示的现金支票，并到银行提取10 000元作为备用金。

图7-13 开出支票提取备用金

取现后根据支票存根联，甲公司应编制如下的会计分录。

借：库存现金   10 000

  贷：银行存款   10 000

（5）汇票、本票和支票的关系

汇票、本票和支票都属于票据，也满足票据所有的特征，比如它们都是有价证券、文义证券和无因证券等。下面来看看它们之间的区别，如表7-24所示。

表7-24

区别	汇票	本票	支票
基本当事人	有3个基本当事人，即出票人、付款人和收款人	只有出票人（付款人和出票人为同一个人）和收款人两个基本当事人	有3个基本当事人，即出票人、付款人和收款人

区别	汇票	本票	支票
主债务人	主债务人，在承兑前是出票人，在承兑后是承兑人	主债务人是出票人	主债务人是出票人
出票人与付款人之间的关系	其出票人与付款人之间不必先有资金关系	出票人与付款人为同一个人，不存在所谓的资金关系	出票人与付款人之间必须先有资金关系，才能签发支票
承兑	出票人担保承兑付款，如果另有承兑人，由承兑人担保付款	无需承兑，直接由出票人承担付款	支票一般为即期，无需出票人承兑，直接由出票人承担付款
追索权	持票人在票据的有效期内，对出票人、背书人和承兑人都有追索权	持票人只对出票人有追索权	持票人只对出票人有追索权
复本	有复本	没有复本	没有复本
拒绝承兑证书	有拒绝承兑证书	没有拒绝承兑证书	没有拒绝承兑证书

7.2.4 信用卡

国内的信用卡主要是指贷记卡或准贷记卡（先存款后消费，允许小额、善意透支的信用卡）。信用卡的特点与作用如下所示。

◆ 它是一种可在一定范围内替代传统现金流通的电子货币。

◆ 信用卡同时具有支付和信贷两种功能。持卡人可用其购买商品或享受服务，还可通过使用信用卡从发卡机构获得一定的贷款。

◆ 信用卡是集金融业务与电脑技术于一体的高科技产物。

◆ 信用卡能减少现金货币的使用。

◆ 信用卡能提供结算服务，方便购物消费，增强安全感。

◆ 信用卡能简化收款手续，节约社会劳动力。

◆ 信用卡能促进商品销售，刺激社会需求。

与普通的银行储蓄卡相比，信用卡最突出的优势就是在卡里没有现金的情况下可进行普通消费，且很多情况下只要按期归还消费金额即可。那么，市场中可供选择使用的信用卡有哪些呢？具体分类如表7-25所示。

表7-25

分类标准	种类	内容
发卡机构	银行卡	是银行所发行的信用卡，持卡人可在发卡银行的特约商户购物消费，也可以在发卡行所有的分支机构或设有自动柜员机的地方随时提取现金
	非银行卡	这种卡又可以具体地分成零售信用卡和旅游娱乐卡。零售信用卡是商业机构所发行的信用卡，如百货公司、石油公司等，专用于在指定商店购物或在汽油站加油等，并定期结账。旅游娱乐卡是服务业发行的信用卡，如航空公司、旅游公司等，用于购票、用餐、住宿和娱乐等
发卡对象	公司卡	公司卡的发行对象为各类工商企业、科研教育等事业单位、国家党政机关、部队和团体等法人组织
	个人卡	个人卡的发行对象则为城乡居民个人，包括工人、干部、教师、科技工作者、个体经营户以及其他成年的、有稳定收入来源的城乡居民。个人卡是以个人的名义申领并由其承担用卡的一切责任
持卡人资信	普通卡	普通卡是对经济实力和信誉、地位一般的持卡人发行的，对其各种要求并不高
	金卡	金卡是一种缴纳高额会费、享受特别待遇的高级信用卡。发卡对象为信用度较高、偿还能力及信用较强或有一定社会地位者。金卡的授权限额起点较高，附加服务项目及范围也宽得多，因而对有关服务费用和担保金的要求也比较高
流通范围	国际卡	国际卡是一种可以在发行国之外使用的信用卡，全球通用。境外五大集团（万事达卡组织、维萨国际组织、美国运通公司、JCB信用卡公司和大莱信用卡公司）分别发行的万事达卡（Master Card）、维萨卡（VISA Card）、运通卡（American Express Card）、JCB卡（JCB Card）和大莱卡（Diners Club Card）多数属于国际卡
	地区卡	是一种只能在发行国内或一定区域内使用的信用卡。我国商业银行发行的各类信用卡大多数属于地区卡

　　前面叙述了汇票、本票、支票和信用卡等结算方式，那么这些结算方式和其他结算方式的对比结果是如何的呢？如表7-26所示。

表7-26

结算方式	使用的会计科目	适用范围
银行汇票	其他货币资金	适用于先收款后发货或钱货两清的商品交易。单位、个人各种款项的异地结算均可使用银行汇票
银行本票	其他货币资金	适用于单位和个人在同一票据交换区域内所发生的经济业务或事项
商业汇票	应收/应付票据	适用于在银行开立存款账户的法人以及其他组织之间发生的具有真实交易关系或债权债务关系的经济业务或事项，同城异地均可使用。但个人不得使用商业汇票
支票	银行存款	适用于单位和个人在同一票据交换区域内的各种款项结算
信用卡	其他货币资金	适用于在中国境内的金融机构开立基本存款账户的单位发生的10万元以下的商品交易和劳务供应款项的结算
汇兑	银行存款	适用于异地结算
委托收款	银行存款	适用于同城或异地的单位或个人之间发生的款项结算，且一般适用于电费和电话费等付款人众多且分散的公用事业费的支付
托收承付	银行存款	适用于收款单位和付款单位在异地，且均是国有企业、供销合作社以及经营管理好、经开户银行审查同意的城乡集体所有制工业企业，同时交易款项必须是商品交易款项和因商品交易而产生的劳务供应款项。相应地，该结算方式不适用个人和同一票据交换区域，也不适用于代销、寄销和赊销商品的款项支付
信用证	其他货币资金	适用于国际结算的款项支付

第8章
工资社保怎样操作

工资是员工的报酬，社保是员工最低生活的保障，工资和社保关乎员工对工作的满意度。公司怎样计算工资和社保才算合理呢？它们都有哪些核算项目呢？本章将对这些内容做详细解答。

8.1 "五证合一"后社保的操作

社会保险是指国家通过立法强制建立社会保险基金，对参加劳动关系的劳动者在丧失劳动能力或失业时给予必要的特殊帮助的制度。由此可见，社会保险不以盈利为目的。

8.1.1 社会保险的特征和功能

社会保险是一种为丧失劳动能力、暂时失去劳动岗位或因健康原因造成损失的人提供收入或补偿的一种社会和经济制度。社会保险的特征如表8-1所示。

表8-1

特征	内容
保障性	社会保险的客观基础是劳动领域存在的风险，保险的标准是劳动者的人身，保障的是劳动者的基本生活
普遍性	社会保险覆盖所有社会劳动者，既包括劳动者，也包括用人单位
互助性	利用参加保险者的合力，帮助某个遇到风险的人，满足其急需，以达到劳动力的再生产
强制性	由国家立法限定，强制用人单位和职工参加
福利性	社会保险是一种政府行为，不以盈利为目的，保险基金来源于用人单位和劳动者的缴费及财政的支持

社会保险不仅有如上表所示的特征，也有特定功能，三大功能如下。

◆ 稳定社会生活的功能。

◆ 再分配的功能。

◆ 促进社会经济发展的功能。该功能包含3方面内容，一是社会保险制度作为需求管理的一个重要工具来发挥作用，从而对经济起正面的作用；二是社会保险基金的有效利用可以促进经济的持续繁荣；三是社保为企业招揽人才的基本条件。

8.1.2 社会保险的主要内容

社会保险计划由政府举办，强制某一群体将其收入的一部分作为社会保险费形成社会保险基金，在满足一定条件的情况下，被保险人可从基金获得固定的收入或损失的补偿。它是一种再分配制度，它的目标是保证物质及劳动力的再生产和社会的稳定。社会保险的主要项目包括基本养老保险、基本医疗保险、失业保险、工伤保险和生育保险。

（1）基本养老保险

基本养老保险是社会保障制度的重要组成部分，是社会保险五大险种中最重要的险种之一。所谓基本养老保险（或养老保险制度）是国家和社会根据一定的法律和法规，为解决劳动者在达到国家规定的解除劳动义务的劳动年龄界限，或因年老丧失劳动能力退出劳动岗位后的基本生活而建立的一种社会保险制度。这一概念主要包含以下3层含义，如图8-1所示。

① 基本养老保险是在法定范围内的老年人完全或基本退出社会劳动生活后才自动发生作用的。这里所说的"完全"是以劳动者与生产资料的脱离为特征的；所谓"基本"指的是参加生产活动已不成为主要社会生活内容。需强调说明的是，法定的年龄界限（各国有不同的标准）才是切实可行的衡量标准。

② 基本养老保险的目的是保障老年人的基本生活需求，为其提供稳定可靠的生活来源。

③ 基本养老保险是以社会保险为手段来达到保障的目的。

图8-1 养老保险概念的3层含义

我国的养老保险由4个部分组成，第一部分是基本养老保险，第二部分是企业补充养老保险，第三部分是个人储蓄性养老保险，第四部分是商业养老保险。前3部分的养老保险具体内容如表8-2所示。

表8-2

分类	内容
基本养老保险	是国家根据法律、法规的规定，强制建立和实施的一种社会保险制度。在这一制度下，用人单位和劳动者必须依法缴纳养老保险费，在劳动者达到国家规定的退休年龄或因其他原因而退出劳动岗位后，社会保险经办机构依法向其支付养老金，从而保障其基本生活
企业补充养老保险	是指由企业根据自身经济承受能力，在国家规定的实施政策和实施条件下为本企业职工所建立的一种辅助性的养老保险
个人储蓄性养老保险	是我国多层次养老保险体系的一个组成部分，是由职工自愿参加、自愿选择经办机构的一种补充保险形式。职工达到法定退休年龄并经批准退休后，相关机构凭借个人账户将储蓄性养老保险金一次性总付或分次支付给个人

（2）基本医疗保险

基本医疗保险是指为被保险人治疗疾病时发生的医疗费用提供保险保障的保险，是职工因疾病、负伤或生育时，由社会或企业提供必要的医疗服务或物质帮助的社会保险，如我国的公费医疗、劳保医疗。医疗保险由基本医疗保险、补充医疗保险和商业医疗保险3个层次的医疗保险构成。其中，基本医疗保险是医疗保险中最重要的一部分。

基本医疗保险是指国家通过立法，强制规定用人单位和社会成员个人共同缴纳医疗保险费，建立医疗保险基金。当社会成员个人因疾病或者意外伤害需要获得必需的医疗服务时，按规定提供医疗服务补偿的一种社会保险。

基本医疗保险是社会保险中的一种重要保险制度，是医疗保险体系的核心内容。基本医疗保险制度具有法定性、强制性、缴费性和福利性，通过建立社会统筹和个人账户筹集保险基金，用以支付医疗费用，降低社会成员的疾病风险。

基本医疗保险因适用的对象不同，有不同的具体表现形式。现阶段，我国基本医疗保险主要表现为城镇职工基本医疗保险、城镇居民基本医疗保险和新型农村合作医疗保险3种医疗保险形式。此外，公费医疗制度在现阶段也是基本医疗保险的表现形式之一。

城镇职工基本医疗保险是指按照用人单位和职工的承受能力来确定基本医疗保障水平，根据政府、企业和个人的承受能力，实行个人账户与统筹基金相结合，以较低的筹资水平，尽可能地覆盖城镇所有职工的基本医疗需求的社会医疗保险。城镇职工基本医疗保险的内容如图8-2所示。

建立合理负担的共同缴费机制

基本医疗保险费由用人单位和个人共同缴纳，体现国家社会保险的强制特征和权力与义务的统一，不仅可扩大医疗保险资金的来源，更重要的是明确了单位和职工的责任，增强个人自我保障意识。

建立统筹基金和个人账户制度

基本医疗保险基金由社会统筹使用的统筹基金和个人专项使用的个人账户基金组成。个人缴费全部划入个人账户，单位缴费按30%左右划入个人账户，其余部分建立统筹基金。个人账户专项用于本人医疗费用支出，可以结转使用和继承，本金和利息归个人所有。

建立统账分开、范围明确的支付机制

统筹基金和个人账户确定各自的支付范围，统筹基金主要支付住院（大额）医疗费用，个人账户主要支付门诊（小额）医疗费用。统筹基金要有严格的起付标准和最高支付限额。

建立统一的社会化管理服务体制

基本医疗保险实行一定统筹层次的社会经办，原则上以地级市为统筹层次，由统筹地区的社会保险经办机构负责基金的统一征缴、使用和管理，保证基金的足额征缴、合理使用和及时支付。

图8-2 城镇职工基本医疗保险的内容

（3）失业保险

失业保险是指国家通过立法强制实行的，由用人单位、职工个人缴费及国家财政补贴等渠道筹集资金建立失业保险基金，对因失业而暂时中断生活来源的劳动者提供物质帮助以保障其基本生活，并通过专业训练、职业介绍等手段为其再就业创造条件的制度。

失业保险金是国家给予失业人群的最根本的社会保障，但也不是所有的失业人员都可以领取失业保险金。领取失业保险金需要一定条件，只有符合条件的失业人员才能领取属于自己的失业保险金。申领失业保险金应具备的条件如图8-3所示。

申领失业保险金应具备的条件

- 按照规定参加失业保险，所在单位和本人已按照规定履行缴费义务满一年。

- 非因本人意愿中断就业，即失业人员不愿意中断就业，但因本人无法控制的原因而被迫中断就业。原因包括：终止劳动合同，职工被用人单位解除劳动合同，职工被用人单位开除、除名和辞退的，用人单位违法或违反劳动合同导致职工辞职的。

- 已办理失业登记，并有求职要求。办理失业登记是为了掌握失业人员的基本情况，确认其资格。必须有求职要求，这是失业保险中促进失业人员再就业功能的体现。

图8-3 申领失业保险金应具备的条件

《社会保险法》规定：失业人员失业前用人单位和本人累计缴费满1年不足5年的，领取失业保险金的期限最长为12个月；累计缴费满5年不足10年的，领取失业保险金的期限最长为18个月；累计缴费10年以上的，领取失业保险金的期限最长为24个月。重新就业后，再次失业的，缴费时间重新计算，领取失业保险金的期限与前次失业应当领取而尚未领取的失业保险金的期限合并计算，最长不超过24个月。

（4）工伤保险

工伤保险是指国家或社会为生产、工作中遭受事故伤害和患职业性疾病的劳动者及家属提供医疗救治、生活保障、经济补偿、医疗和职业康复等物质帮助的一种社会保障制度。职工有如图8-4所示情形之一的，应当认定为工伤。

① 在工作时间和工作场所内，因工作原因受到事故伤害的。

② 工作时间前后在工作场所内，从事与工作有关的预备性或者收尾性工作受到事故伤害的。

③ 在工作时间和工作场所内，因履行职责受到暴力等意外伤害的。

④ 患职业病的。

⑤ 因工外出期间，因工作原因受到伤害或者发生事故下落不明的。

⑥ 在上下班途中，受到非本人主要责任的交通事故伤害的。

⑦ 在工作时间和工作岗位，突发疾病死亡或者在48小时之内经抢救无效死亡的。

⑧ 在抢险救灾等维护国家利益、公共利益活动中受到伤害的。

⑨ 职工原在军队服役，因战、因公负伤致残，已取得革命伤残军人证，到用人单位后旧伤复发的。

图8-4 可认定为工伤的情况

（5）生育保险

生育保险是通过国家立法，在职业妇女因生育子女而暂时中断劳动时由国家和社会及时给予生活保障和物质帮助的一项社会保险制度。生育保险的支付是有条件的，各国规定的条件不一致，主要包括如图8-5所示的3点。

生育保险支付条件
- 受保人不再从事任何有报酬的工作，雇主不支付受保人全部或部分工资。
- 缴纳的保险金必须达到一定的期限和数额。
- 受保人必须达到一定的工作期限。

图8-5 支付生育保险的条件

8.1.3 社会保险的计算

社会保险的计算即社会保险费的计算。社会保险费是指依照法律、行政法规及国家有关规定，以职工工资为基数，按一定比例提取的社会保险费，包括基本养老保险费、基本医疗保险费和失业保险费等，不包括纳税人为职工所支付的各种商业保险费支出。自本节开始，所有涉及社保缴费比例的，均以北京市为例做详细介绍。

（1）养老保险费的计算

养老保险费的缴纳由用人单位和个人共同承担。对于公司而言，员工承担部分由单位代扣代缴，公式如下。

企业缴费额=核定的企业职工工资总额×16%

职工个人缴费额=核定缴费基数×8%

如果是个体劳动者（包括个体工商户和自由职业者），则全部由自己缴纳，计算公式如下。

个体劳动者缴费额=核定缴费基数×规定比例

参保单位缴纳基本养老保险的基数一般是当月职工工资的总额，也可以是本单位职工个人缴费基数之和。其中，单位职工个人缴纳基本养老保险费的基数通常是以该职工上一年度本人月平均工资为基础，在当地职工月平均工资的60%~300%的范围内核定，即上年度本人月平均工资在这个范围内的，一般直接以上年度月平均工资为缴费基数；若低于60%，则以当地职工月平均工资的60%为缴费基数；若高于300%，则以当地职工月平均工资的300%为缴费基数。

2019年4月4日，国务院办公厅发布了《降低社会保险费率综合方案的通知》，明确自2019年5月1日起，降低城镇职工基本养老保险（包括企业和机关事业单位基本养老保险，以下简称养老保险）单位缴费比例。各省、自治区、直辖市及新疆生产建设兵团养老保险单位缴费比例高于16%的，可降至16%；目前低于16%的要提出过渡办法。这与之前的19%和20%相比，明显降低了单位缴费比例，减轻了企业和机关事业单位的负担。

实账处理 **计算养老保险费**

甲公司2019年5月的职工工资总额共216 400元，员工李某工资基数为3 600元。月末，计算5月份应缴纳的养老保险费，用银行存款缴清。

甲企业应承担养老保险费=216 400×16%=34 624（元）

李某应承担养老保险费=3 600×8%=288（元）

缴纳时应编制如下的会计分录。

借：应付职工薪酬——基本养老保险   34 624

       其他应收款——代扣个人养老保险   288

  贷：银行存款   34 912

（2）医疗保险费的计算

医疗保险费是由职工、单位和国家按一定的缴费比例3方共同出资而形成的。当参保职工因病就诊时，可以从中获得部分或全部的报销额。它体现了个人权利与义务对等的原则。只有按时缴纳足额的医疗保险费，才能享受报销权利。医疗保险分为基本医疗保险和大病医疗补助。计算公式分别如下。

基本医疗保险的企业缴费额=核定的企业职工工资总额×9%

基本医疗保险的职工个人缴费额=核定缴费基数×2%

大病医疗补助的企业缴费额=核定的企业职工工资总额×1%

大病医疗补助的职工个人缴费额=3（元）

**实账
处理** **计算医疗保险费**

甲公司2019年5月的职工工资总额共216 400元，员工李某工资基数为3 600元。月末，计算5月份应缴纳的医疗保险费，用银行存款缴纳医疗保险费。

5月份甲企业应承担医疗保险费=216 400×9%+216 400×1%=21 640（元）

李某应承担医疗保险费=3 600×2%+3=75（元）

缴纳医疗保险费时应编制如下的会计分录。

借：应付职工薪酬——基本医疗保险　　　216 40

　　其他应收款——代扣个人医疗保险　　　75

　　贷：银行存款　　　　　　　　　　　　21 715

（3）失业保险费的计算

失业保险费是失业保险基金的主要来源，因此，城镇企事业单位及其职工应按照规定，及时、足额缴纳失业保险费。失业保险费的计算公式如下。

企业缴费额=核定的企业职工工资总额×0.8%

职工个人缴费额=核定缴费基数×0.2%

**实账
处理** **计算失业保险费**

甲公司2019年5月的职工工资总额共216 400元，员工李某工资基数为3 600元。月末，计算5月份应缴纳的失业保险费，用银行存款缴纳失业保险费。

甲企业应承担失业保险费=216 400×0.8%=1 731.2（元）

> 李某应承担失业保险费=3 600×0.2%=7.2（元）
>
> 缴纳时应编制如下的会计分录。
>
> 借：应付职工薪酬——失业保险　　　　　1 731.2
>
> 　　其他应收款——代扣个人失业保险　　　7.2
>
> 　贷：银行存款　　　　　　　　　　　　　1 738.4

实施失业保险总费率1%的省份，阶段性降低失业保险费率的期限延长至2020年4月30日。

（4）工伤保险费的计算

工伤保险不同于养老保险等险种，劳动者不缴纳保险费，全部费用由用人单位负担。用人单位缴纳工伤保险的基准费率会因为行业风险程度的不同而不同，但平均缴费率原则上控制在职工工资总额的1%左右。风险较小行业、中等风险行业和风险较大行业这3类行业的基准费率分别为用人单位职工工资总额的0.5%、1%和1.9%左右，具体计算公式如下。

企业应缴工伤保险费=核定的企业职工工资总额×平均缴费率

> **实账处理　计算工伤保险费**
>
> 甲公司2019年5月的职工工资总额共216 400元，员工李某工资基数为3 600元。月末，计算5月份应缴纳的工伤保险费，用银行存款缴纳工伤保险费。（甲公司为中等风险行业）
>
> 甲企业应承担工伤保险费=216 400×1%=2 164（元）
>
> 缴纳时应编制如下的会计分录。
>
> 借：应付职工薪酬——工伤保险　　　　　2 164
>
> 　贷：银行存款　　　　　　　　　　　　　2 164

新政策规定，阶段性降低工伤保险费率的期限延长至2020年4月30日。各地区依据工伤保险基金累计结余可支付月数下调工伤保险费率，如18～23个月的统筹地区可下调20%，24个月及以上的统筹地区可下调50%。

（5）生育保险费的计算

生育保险费是指参加生育保险的用人单位依照生育保险规定的缴费比例缴纳的费用。计算公式如下。

企业应缴生育保险费=核定的企业职工工资总额×0.8%

实账处理 计算生育保险费

甲公司2019年5月的职工工资总额共216 400元，员工李某工资基数为3 600元。月末，计算5月份应缴纳的生育保险费，用银行存款缴纳生育保险费。

甲企业应承担生育保险费=216 400×0.8%=1 731.2（元）

缴纳时应编制如下的会计分录。

借：应付职工薪酬——生育保险　　　　　　1 731.2

　　贷：银行存款　　　　　　　　　　　　　　1 731.2

8.1.4 社会保险办理流程

各单位应按照所属地管理原则，到纳税地管辖的社保机构办理社会保险登记手续。

（1）社保的办理

社保的办理是社保程序的开始，社保的登记流程如表8-3所示。

表8-3

登记流程	内容
建立合法的公司	保证经营的公司是合法的
人社局备案	到公司所在地劳动和社会保障局备案，领取公司社保编号
签订劳动合同	与第一批入职员工签订正式劳动合同
提供资料	准备好各员工办理社会保险登记所需的各种资料，如就业证、劳动合同、失业证等
劳动部门备案	带好以上资料以及职工人员登记表和劳动合同等，先去当地劳动部门做备案登记
社保备案	带上相关资料，到当地社保局办理社保备案手续
缴费并扣费	从社保登记的次月起缴纳社保费，当月缴纳上月的社保费
办理完成	社保登记后的第一次缴费成功后，可领取社保卡

（2）社保转移的办理

社保转移是指在对于参保人员跨统筹区域流动就业的，转移养老保险关系的这一过程。社保转移的环节如图8-6所示。

发凭证

当你要离开某个城市不再回来就业时，可以到当地社保经办机构领取一张你的参保凭证。凭证记录3项关键信息：在当地参保的起始时间、实际缴费的月数以及在当地参保期间个人账户的全部存储额。

打电话

有关部门在网上公布了全国各地县级和县级以上的一些社保经办机构的联系方式，不清楚的问题可以电话咨询。

办手续

由本人或者所在单位向新的就业地社保经办机构提出接续申请，其他事情由当地社保经办机构在规定的时间内办理就可以了。

转移资金

除了转关系，还要把前面讲到的个人账户全部储存额的资金，以及单位缴费规定比例的资金转移到新的就业地。

图8-6 社保转移的4个环节

（3）社会保险登记原则和注销登记

社会保险登记实行属地管理原则，即由地方各级劳动保障行政部门所属的社保经办机构负责本统筹范围内的社会保险登记工作。

缴费单位在异地设有具备独立法人资格的分支机构的，具备独立法人资格的分支机构一般应作为独立的单位，向其所在地的社保局申办社会保险登记手续。跨地区的单位，其社会保险登记地由相关地区协商确定，协商意见不一致的，由争议各方共同的上一级社保局确定登记地。

公司在经营过程中会发生需要注销社会保险的情况，具体如图8-7所示。

办理社保注销登记的情况

- 缴费单位发生解散、破产、撤销、合并以及其他情形，依法终止社会保险缴费义务，应注销登记。
- 缴费单位被工商行政管理机关吊销营业执照的，应当自营业执照被吊销之日起30日内办理注销登记。
- 缴费单位应当自工商行政管理机关办理注销登记之日起30日内或按规定不需在工商行政管理机关办理注销登记的缴费单位，应当自有关机关批准或者宣布终止之日起30日内注销登记。
- 缴费单位因住所变动或生产、经营地址变动而涉及改变社会保险登记机构的，应办理注销登记，并向迁达地办理社保登记。

图8-7 办理社保注销登记的情况

（4）社会保险和商业保险的区别

商业保险是指通过订立保险合同运营，以营利为目的的保险形式。商业保险与社会保险的区别如表8-4所示。

表8-4

区别	社会保险	商业保险
实施目的不同	为社会成员提供必要时的基本保障，不以营利为目的	为社会成员提供补充性的保险保障，以营利为目的

续上表

区别	社会保险	商业保险
实施方式不同	根据国家立法强制实施	遵循"契约自由"原则，由企业和个人自愿投保
实施主体和对象不同	由国家成立的专门性机构进行基金的筹集、管理及发放，其对象是法定范围内的社会成员	由经营商业保险业务的保险公司自己经营管理，其对象可以是符合承保条件的任何人
保障水平不同	为被保险人提供的保障是最基本的，其水平高于社会贫困线，但低于社会平均工资的50%，保障程度较低	提供的保障水平完全取决于保险双方当事人的合同约定和投保人所缴保费的多少，只要符合投保条件，一般保费越高，被保险人获得的保障就越高

8.2 住房公积金的扣缴

住房公积金包括两部分，一是由职工所在单位缴存的部分，二是职工个人缴存的部分。其中，职工个人缴存部分一般由所在单位代扣代缴，与单位缴存部分一起存入住房公积金的个人账户中。

8.2.1 住房公积金的内容和缴纳

住房公积金是指国家机关和事业单位、国有企业、城镇集体企业、外商投资企业、城镇私营企业及其他城镇企业和事业单位、民办非企业单位、社会团体及其在职职工缴存的长期住房储金。单位一般通过银行汇款或支票方式缴存住房公积金。计算公式如下所示。

住房公积金月缴存额=缴存基数×缴存比例

住房公积金缴存基数为职工本人上一年度月平均工资（合同工按月聘用工资计算）；单位及个人的缴存比例可在5%～12%自行选择，且个人缴存比例和单位缴存比例一般是相同的。

实账处理　计算并缴纳住房公积金

甲公司员工刘美2018年月平均工资为6 000元，甲公司规定住房公积金的月缴存比率为7%。2019年5月，刘美的税前工资为6 000元，用银行存款缴纳公积金。

个人缴存住房公积金=6 000×7%=420（元）

单位缴存住房公积金=6 000×7%=420（元）

缴纳住房公积金时应编制如下会计分录。

借：应付职工薪酬——住房公积金　　　　420

　　其他应收款——住房公积金　　　　　420

　　贷：银行存款　　　　　　　　　　　　840

汇缴是指单位按月将所有职工的个人所缴和单位所缴的公积金金额汇总缴存到公积金管理中心并存入个人账户，公积金汇缴流程如表8-5所示。

表8-5

公积金汇缴流程	内容
划拨款项	单位根据当月住房公积金代扣金额，将住房公积金汇缴款划拨到住房公积金的指定银行账户中
填制清册	单位根据当月职工住房公积金扣缴情况，认真填制住房公积金汇缴清册和个人明细，同时加盖单位公章，然后将这些资料送至住房公积金管理中心。如果是补缴住房公积金，就要填制住房公积金补缴清册

续上表

公积金汇缴流程	内容
填制变更清册	单位职工发生异动的，应填制住房公积金变更清册，同时加盖单位公章，然后将该清册送至住房公积金管理中心
编制Excel电子文档	当职工人数或金额变动较大时，单位应编制Excel电子文档说明变动情况，并将文档发送到住房公积金管理中心的电子邮箱中，帮助中心的工作人员快速完成公积金变动处理

8.2.2 住房公积金的贷款和还贷

住房公积金是专门用于住房消费支出的个人住房储金。除了住房公积金的缴纳，出纳人员还需了解住房公积金的贷款和还贷问题。

（1）住房公积金贷款

个人住房公积金贷款是政策性的住房公积金所发放的委托贷款，是指按时向资金管理中心正常缴存住房公积金的单位在职职工，在本市购买、建造自住住房（包括二手住房）时，以其拥有的产权住房为抵押物，并由有担保能力的法人提供保证而向资金管理中心申请的贷款。该贷款可由资金管理中心委托银行发放。住房公积金的贷款对象如图8-8所示。

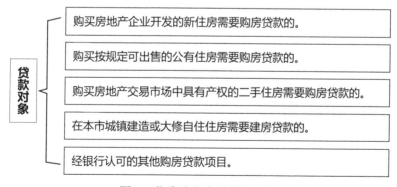

图8-8 住房公积金的贷款对象

（2）住房公积金的还贷

根据贷款银行与借款人签订的《借款合同》约定，借款人应在贷款发放后的次月起按月还款，即如期还贷。具体方式有如图8-9所示的两种，具体采用哪种，由借款人自行选择。

等额本息还款法
是指借款人每月偿还的贷款本金和利息总额不变，但每月还款额中贷款本金逐月增加，贷款利息逐月减少的还款方式。

等额本金还款法
指借款人每月偿还的本金固定不变，贷款利息逐月递减的还款方式。

图8-9 住房公积金如期还贷的两种方式

借款人也可以提前偿还全部贷款本息，即提前还款。一般提前一个月向银行申请即可。各地各银行对提前还贷的规定有所不同，如有的银行提前还贷还需支付一定的违约金，而有的不需要支付违约金。

8.3 工资的计算和发放

工资是指雇主或者法定用人单位依据法律规定、行业规定或与员工之间的约定，以货币形式对员工的劳动所支付的报酬。工资可以以时薪、月薪和年薪等不同形式计算。

8.3.1 计算工资

工资即员工的薪资，是固定工作关系里的员工所得的具有发放上的时间规则的薪酬，是劳务报酬（劳酬）中的一种主要形式。下面来看看工资包括的内容和具体的计算方法。

（1）工资的内容

根据国家统计局发布的《关于工资总额组成的规定》可知，工资总额由6个部分组成：计时工资、计件工资、奖金、津贴和补贴、加班加点工资以及特殊情况下支付的工资。具体内容如表8-6所示。

表8-6

工资组成	内容
计时工资	指按计时工资标准（包括地区生活费补贴）和工作时间支付给个人的劳动报酬。包括：对已做工作按计时工资标准支付的工资、实行结构工资制的单位支付给职工的基础工资和职务（岗位）工资、新参加工作职工的见习工资（学徒的生活费）以及运动员体育津贴等
计件工资	指对已做工作按计件单价支付的劳动报酬。包括：实行超额累进计件、直接无限计件、限额计件和超定额计件等
奖金	指支付给职工的超额劳动报酬和增收节支的劳动报酬。包括：生产奖、节约奖、劳动竞赛奖、机关或事业单位的奖励工资以及其他奖金等
津贴和补贴	指为了补偿职工特殊或额外的劳动消耗和因其他特殊原因支付给职工的津贴，以及为了保证职工工资水平不受物价影响支付给职工的物价补贴
加班加点工资	指按规定支付的加班工资和加点工资
特殊情况下支付的工资	根据国家法律、法规和政策规定，因病、工伤、产假、计划生育假、婚丧假、事假、探亲假、定期休假、停工学习、执行国家或社会义务等原因按计时工资标准或计时工资标准的一定比例支付的工资；附加工资、保留工资等

（2）工资的结算

工资结算就是劳资双方根据当地法规或者惯例签订书面的劳资合同或以完成一定工作量的口头约定，对劳动者在一定时间（如一周、一个月或一年等）内的劳动成果进行的结算。我国法律规定，员工的工资报酬必须给付货币。下面就来了解计时工资和计件工资的计算。

◆ 计时工资

计时工资是按考勤记录登记的职工出勤、缺勤天数和每人的工资标准进行计算的。一般有月薪制和日薪制两种方式。在月薪制下，不论各月日历天数多少，只要职工出满勤，即可得到相同的标准工资。若遇缺勤，缺勤工资从标准工资中扣除。计算公式如下。

应付计时工资=标准工资-缺勤应扣工资

缺勤应扣工资=事假和旷工天数×日工资率+病假天数×日工资率×扣款百分比

上述计算公式中的日工资率是指职工每日应得的平均工资，一般有两种计算方法。详细内容如表8-7所示。

表8-7

划分标准	公式	说明
按全年平均每月日历天数30天计算	日工资率=标准工资÷30	厂休日、法定节假日照付工资，如缺勤时间跨越厂休日、法定节假日，视为缺勤，照扣工资
按全年平均每月法定工作天数21.17天计算	日工资率=标准工资÷21.17	厂休日、法定节假日不付工资，如缺勤时间跨越厂休日、法定节假日，不扣工资

而在日薪制下，应付工资是根据职工实际出勤日数和日工资计算，属于工资的正算法，其计算公式如下。

应付计时工资=出勤日数×日工资

采用日薪制计算职工应付计时工资虽然可以更准确地计算职工的工资数额，但由于每位职工每个月实际工作天数和出勤天数都有可能发生变化，因此每个月都需要重新计算应付工资，人事部门的计算工作量较大。

标准工资是计算加班工资、假期工资、病伤假期工资和停工期间工资等的基数。按照《工资支付条例》的规定，标准工资是指员工在正常工作时间为用人单位提供正常劳动应得的报酬。

实账处理 计算计时工资

丙公司员工李云2019年6月出勤16天，法定节假日和休息日共11天，事假1天，病假2天。公司规定病假扣款百分比为16%，工资标准为3 600元/月，计算李云6月的应付工资。

1.若公司采用每月日历天数30天计算，则6月工资如下。

日工资率=3 600÷30=120（元）

缺勤应扣工资=1×120+2×120×16%=158.4（元）

2019年6月，李云应付工资=3 600-158.4=3 441.6（元）

2.若公司采用每月法定工作天数21.17天计算，则工资如下。

日工资率=3 600÷21.17=170.05（元）

2019年6月，李云应付工资=170.05×16=2 720.8（元）

◆ 计件工资

计件工资是按产量记录和计件单价进行计算的。产量包括合格品的数量和料废品数量，而料废品是因加工材料的缺陷而导致的废品。计件工资的计算公式如下。

应付计件工资=(合格品数量+料废品数量)×计件单价

实账处理 计算计件工资

某皮鞋制造公司对生产岗位实行计件工资制度，并规定每双皮鞋按17元计算应发工资。2019年5月，合计员工李敏共生产皮鞋

260双，其中合格品254双，料废品6双，在合理范围之内，料废品要正常计算工资。计算李敏当月应计工资数额。

该月李敏应付计件工资=17×260=4 420（元）

8.3.2 编制工资表并发放工资

根据考勤表完成工资的计算后就是工资的发放，且在发放时需向劳动者提供本人的工资清单。在发放工资的过程中应注意如图8-10所示的内容。

① 工资应当以货币形式支付，不得以实物或有价证券代替货币支付。

② 企业应将工资直接支付给劳动者本人，劳动者本人因故不能领取工资时，也可以由劳动者授权的亲属代为领取，但应有委托证明。

③ 企业必须在与劳动者约定的日期及时支付工资，月薪制下至少每月支付一次工资。

图8-10 工资发放过程应注意的事项

工资表的一般格式如图8-11所示。

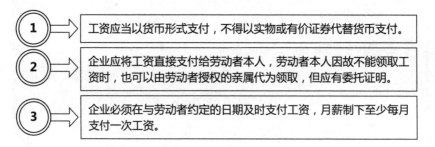

图8-11 工资表的格式

第9章
工商税务操作指南

作为一名财务人员，工商税务都是要接触的。提前了解程序，备好所需的资料，到时会避免很多"白跑一趟"的情况。而且现在很多都实行网上操作，只要熟练掌握流程，工作起来简便又省时。

9.1　工商税务处理

公司运营的始末都会涉及工商税务，工商税务由原来的复杂操作，慢慢地简化、方便。五证合一后，工商税务应如何一并处理好呢？本节内容将会讲到公司注册、年度报告等内容。

9.1.1　"五证合一"后申请公司注册的流程

"五证合一"后，各单位按照当地工商行政管理机构规定的正常流程办理注册登记手续，事后只需领取一张如图9-1所示的营业执照即可。

图9-1　营业执照

"五证合一"中的"五证"即营业执照、组织机构代码证、税务登记证、社会保险登记证和统计登记证。"五证合一"后公司注册的流程如图9-2所示。

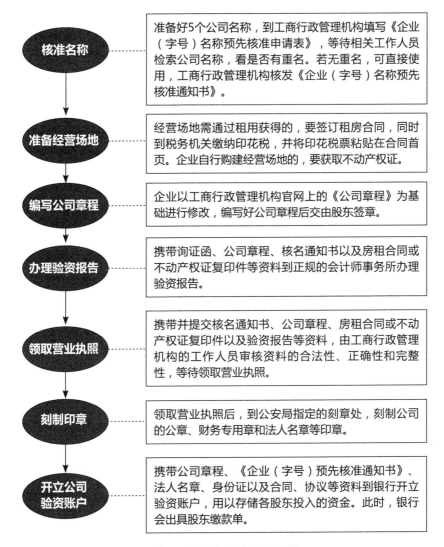

图9-2 办理公司注册的流程

公司注册完成后，还有一些后续工作需要做，如开立银行基本存款账户、办理税务相关事项、缴纳社保和编制报表等。具体内容如表9-1所示。

表9-1

后续工作	内容
办理银行基本存款账户	公司注册完成后，要开立基本存款账户，用于日常经营活动涉及的转账结算和现金收付
办理税务相关事项	企业在领取营业执照之日起30日内要办理税务登记，办理时，要提供一名会计的信息，向主管税务机关提交相关资料，由税务机关核定企业应缴纳税费的税种、税率、纳税申报时间和税务专管员。以后要按时做账并进行纳税申报及缴纳。如果企业需要开具发票，则还需购置税控设备，参加税控设备的使用培训，经核定通过后申领发票
缴纳社保	一般来说，在公司进行注册登记的同时就要进行社保登记，开设公司的社保账户，以后缴纳社保时，直接从公司的银行存款基本账户中划款
编制报表	无论是月度财务报表，还是季度财务报表，甚至年度财务报表，均要在完成上述工作后进行编制，概括说明公司的基本情况、主要财务数据和指标以及财务状况和经营成果等

9.1.2 企业年度报告公示制度

以前的企业年检制度已经改为了现在的企业年度报告公示制度，该公示制度规定的内容有如表9-2所示的一些。

表9-2

制度概述	内容
规定期限	企业应每年通过"国家信用信息公示系统"向工商行政管理机构报送年度报告，并向社会公示，且一年公示一次
年报的主要内容	企业年报的主要内容包括资产负债表、利润表、所有者权益变动表等财务报表，以及公司股东（或发起人）出资情况和资产状况等，企业要对年度报告的真实性、合法性负责
未按规定进行公示的处理	1.若企业被发现年度报告隐瞒真实情况或弄虚作假，工商行政管理机构将依法予以处罚，并向公安、财政、海关和税务等部门通报企业法定代表人和负责人等信息，全面限制违规企业的行为

制度概述	内容
未按规定进行公示的处理	2.若企业未按规定期限公示年度报告，工商行政管理机构会将公司载入"国家信用信息公示系统"中的"经营异常名录"中，提醒公司履行年度报告公示义务
如何恢复正常记载状态	若企业未连续公示，但3年内又重新进行公示的，可申请恢复正常记载状态；若企业未连续公示，且超过3年都未履行公示义务，工商行政管理机构会将其永久列入"严重违法失信企业名单"中

9.1.3 一般纳税人和小规模纳税人的比较

一般纳税人指年应征增值税销售额（简称年应税销售额，含一个公历年度内的全部应税销售额）超过财政部规定的小规模纳税人标准的企业和企业性单位。一般纳税人的特点是增值税进项税额可从销项税额中抵扣。

（1）一般纳税人和小规模纳税人的区分

小规模纳税人是指年销售额在规定标准以下，且会计核算不健全，不能按规定报送有关税务资料的增值税纳税人。小规模纳税人和一般纳税人根据公司的销售额以及纳税性质来区分，具体区分标准如下。

◆ 年应征增值税销售额500万元及以下的，为增值税小规模纳税人。

◆ 年应征增值税销售额超过500万元的，为增值税一般纳税人。

新政策实施以前，区分一般纳税人和小规模纳税人还会分行业考虑。如工业企业，年应征增值税销售额50万元及以下的为小规模纳税人，超过50万元的为一般纳税人；商业企业，年应征增值税销售额80万元及以下的为小规模纳税人，超过80万元的为一般纳税人；新办企业，注册资本在100万元以上，在企业开办之日起一个月内，可申请成为一般纳税人，过期则视为自动放弃，同时默认为小规模纳税人，需要年应征增值税销售额达到标准才可申请一般纳税人。

除了销售额的区别，一般纳税人和小规模纳税人在其他方面以及纳税义务方面也有区别。详细内容如表9-3所示。

表9-3

对比内容	小规模纳税人	一般纳税人
税率	销售额的3%	13%、9%、6%、0
抵扣	不可抵扣进项税发票	可以抵扣进项税发票
发票种类	增值税普通发票	增值税专用发票

（2）小规模纳税人和一般纳税人的好处

企业可根据自身经营需求，结合两种纳税人身份的优缺点，选择适合企业发展的纳税人身份。小规模纳税人的好处主要体现在3%的征收率，税负较低，如果利润较少，则小规模纳税人的低税率无法体现出好处，所以只有在利润较高时，小规模纳税人应交增值税才可能比一般纳税人应交的增值税少。而申请一般纳税人的好处如图9-3所示。

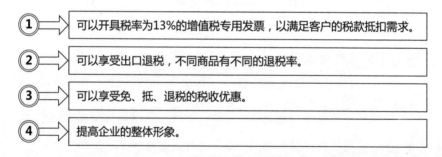

① 可以开具税率为13%的增值税专用发票，以满足客户的税款抵扣需求。

② 可以享受出口退税，不同商品有不同的退税率。

③ 可以享受免、抵、退税的税收优惠。

④ 提高企业的整体形象。

图9-3 一般纳税人的好处

小规模纳税人和一般纳税人都有各自的优缺点，经营者可根据企业经营范围对应的税负水平、业务需要、发展战略和目标以及其他市场因素等进行衡量，选择适合自身企业发展的纳税人身份。

经营业务以销售货物为主的企业，通常认定为一般纳税人，可以开具增值税专用发票。当这样的企业向供应商购买原材料或商品时，一般也会收到增值税专用发票，此时为了减轻企业的增值税负担，就可以将收到的增值税专用发票对应的进项税额进行抵扣。但前提是选择了一般纳税人这一纳税人身份。

如下所示的是小规模纳税人转为一般纳税人的几种增值税处理情况。

◆ 可以开具增值税专用发票，也可以抵扣增值税进项发票的税额。

◆ 可以开具增值税专用发票，但不得抵扣增值税进项发票的税额。

◆ 不可以开具增值税专用发票，但可抵扣增值税进项发票的税额。

9.2 公司的合并、分立和解散清算

企业合并是指通过合并将多家企业的财产变成一家企业的财产，多个法人变成一个法人。公司分立是指在原有公司基础上"一分为二"或"一分为多"。除此之外，还有公司解散。

9.2.1 公司合并的流程

企业合并是指将两个或者两个以上单独的企业合并形成一个报告主体的交易或事项。很多公司会选择进行公司合并，目的是整合几个公司的资源，提高公司的市场竞争力。但公司合并不是几个人的事情，它关系到几家公司及其股东的权益，为了保证各公司及其股东的权益，必须按照严格的公司合并流程进行合并。大致合并流程如图9-4所示。

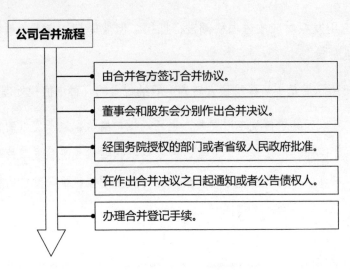

公司合并流程

- 由合并各方签订合并协议。
- 董事会和股东会分别作出合并决议。
- 经国务院授权的部门或者省级人民政府批准。
- 在作出合并决议之日起通知或者公告债权人。
- 办理合并登记手续。

图9-4 公司合并的流程

上述是公司合并流程的概述，具体内容如表9-4所示。

表9-4

流程环节	内容
签订合并协议	公司合并的各方管理层先要得到本公司董事会的授权，然后进行合并谈判，并代表合并各方公司拟定"合并协议"。公司合并的各方分别提出合并计划并提交给董事会，董事会同意后推荐合并计划给股东会，股东会同意合并计划后，合并协议立即发生法律效力
董事会和股东会决议	公司合并是企业的重大变更事项，对股东权益有较大影响。因此，公司合并时，要先由董事会作出合并决议，再经股东会同意后才能生效。我国《公司法》规定，股东会的决议方必须经代表2/3以上有表决权的股东通过
政府批准	有些公司合并事项需要经过当地政府或相应的主管机关审批，通过后才能进行合并；有些公司合并不涉及经政府批准，可直接跳过该环节
编制资产负债表和财产清单	公司合并的决议一旦通过，就应立即编制相应的资产负债表和财产清单，便于各企业及其股东及时了解公司的资产状况和财务状况等

续上表

流程环节	内容
通知或公告	公司合并事项会对合并前各公司的债权人有影响，因此，为了保障这些债权人的权益，公司需要在作出合并决议之日起10日内通知债权人或公告使债权人知晓
办理合并登记手续	在公司的合并过程中，会涉及公司存续、变更、注销和新设立等业务，相应地，需要办理工商变更、注销和设立登记等手续。合并后，不再存续的公司，不再发生经营业务，所以应到当地工商行政管理机构办理注销登记手续；继续存续的公司，因其经营范围等发生变化，所以应办理变更登记；新成立的公司，需要让工商行政管理机构知道其存在，所以应办理设立登记手续

9.2.2 公司分立的相关规定

公司分立是指一个公司依照有关法律、法规的规定，分立为两个或两个以上的公司的法律行为。公司分立是母公司在子公司中所拥有的股份按比例分配给母公司的股东，形成与母公司股东相同的新公司，从而在法律上和组织上将子公司从母公司中分立出来。

与公司合并一样，公司分立也属于公司的重大法律行为，必须严格依照法律规定的程序进行。当分立协议的签订、董事会和股东会作出决议、政府批准、资产负债表和财产清单的编制以及向债权人通知或公告公司分立情况等事项处理完毕后，应依法办理注销、变更或设立登记等手续。

因分立而存续的公司，其登记事项发生变化的，应申请变更登记；因分立而解散的公司，应申请注销登记；因分立而新设立的公司，应申请设立登记。

公司分立以原有公司法人资格是否消灭为标准，可分为新设分立和派生分立两种分立情况，如图9-5所示。

又称解散分立，指一个公司将其全部财产分割，解散原公司，并分别归入两个或两个以上新公司中的行为。在新设分立中，原公司的财产按照各个新成立的公司的性质、宗旨和业务范围进行重新分配组合，同时原公司解散，债权、债务由新设立的公司分别承受。新设分立是以原有公司的法人资格消灭为前提，成立新公司。

又称存续分立，指一个公司将一部分财产或营业依法分出，成立两个或两个以上公司的行为。在存续分立中，原公司继续存在，原公司的债权、债务可由原公司与新公司分别承担，也可按协议由原公司独立承担。新公司取得法人资格，原公司也继续保留法人资格。

图9-5 公司分立的分类

9.2.3 如何做好公司的解散清算

解散清算是公司因经营期满，或者因经营方面的其他原因致使公司不宜或者不能继续经营时，自愿或被迫宣告解散而进行的清算。公司解散清算的程序如图9-6所示。

第一步：成立清算组

公司因法定原因解散的，应当在解散事由出现之日起15日内成立清算组，开始清算。

第二步：清算组接管公司

清算组成立后，在清算期间依法可行使的职权有：清理公司财产，分别编制资产负债表和财产清单；通知、公告债权人等。

第三步：公司财产分配

清算组在清理公司财产、编制资产负债表和财产清单后，应当制定清算方案，并报股东会、股东大会或者人民法院确认。

第四步：清算终结，公司注销

公司清算结束后，清算组应当制作清算报告，报股东会、股东大会或者人民法院确认，并报送公司登记机关，申请注销公司登记，公告公司终止。

图9-6 公司解散清算的程序

9.3 发票的处理

企业日常运营过程中接触的票据，绝大多数是发票。发票是税控系统的工具，可用来维护社会秩序。发票分为普通发票和增值税专用发票。

9.3.1 如何在税务局领购发票

发票是指在购销商品、提供或者接受服务以及从事其他经营活动中，由出售方向购买方签发的文本，内容包括向购买者提供产品或服务的名称、质量及协议价格。除了预付款以外，发票必须具备的要素是根据议定条件由购买方向出售方付款，必须包含日期和数量，它是会计账务的重要凭证。那么发票应该如何领购呢？如表9-5所示。

表9-5

领购发票的流程	内容
具备领票人资格	任何企业或个人不能带领发票，企业发票领购簿上的领票人与办税员证上的名字一致时，领票人才有领票资格
进行发票网上验旧	目前我国已实行网上办税，企业在领购发票前，要先进行发票的网上验旧操作。不会操作的，可到当地税务机关设立的办税教务室，按照老师的指导进行发票验旧和报税操作
清卡和申报税务	若税务机关告知办税人员其公司被税控了，无法领购发票，很可能需要办税人员清卡；如果清卡后还不能领购发票，很可能存在当期没有进行税务申报的问题，此时要申报税务后才能申领发票
带全所需要材料	带齐所需资料，如发票领购簿、办税人员身份证、金税盘、公章以及营业执照等，缺一不可

续上表

领购发票的流程	内容
领购发票	待税务机关工作人员审核提交的资料无误后，即可领购发票。企业应根据自身经营情况选择合适的发票数量，而距离主管税务机关较远的企业，可一次性领购一个月的发票
检查发票序列号是否一致	发票的最低领购数为50份，领好发票后，要检查发票的份数是否与序列号一致，还要检查领票人信息、公司相关代码等是否与实际情况一致。检查好后，收好个人身份证、发票领购簿、金税盘及所领购的发票等文件，离开办税大厅

企业因没有及时缴纳税款而被停止申领发票，或者领发票过程中遇到其他任何问题，均可找发票专管员解决。

9.3.2 有关发票的填开

发票开具是指法律、法规的规定在何种情况下开具发票，基于证明商品和资金所有权转移的需要、进行会计核算的需要和进行税收管理的需要，发票应在发生经营业务确认营业收入时由收款方向付款方开具，特殊情况下，由付款方向收款方开具。

（1）普通发票的填开

普通发票是指除增值税专用发票以外的各类发票。普通发票开具需要注意的事项如表9-6所示。

表9-6

注意事项	内容
检查	企业使用发票前先检查有无缺页、错号，发票联有无发票监制章或监制章印制不清楚等现象。若发现问题，应及时报税务机关处理
填写	整本发票开始使用后，应做到按号码顺序填写，填写项目齐全，内容真实，字迹清楚，全部联次一次复写、打印，内容完全一致。填开的发票不得涂改、挖补或撕毁，开具发票要按照规定的时限逐栏填写，并加盖单位财务印章或者发票专用章。未经税务机关批准，不得拆本使用发票

续上表

注意事项	内容
开具时间	填开发票的单位和个人必须在发生经营业务且确认营业收入时开具发票，未发生业务时一律不准开具发票
使用范围	企业应在规定的使用范围内开具发票，不准买卖、转借、转让发票和代开发票
机外发票	企业使用计算机开具发票的，必须经主管税务机关批准，且使用税务机关统一监制的机外发票，发票的存根联按顺序号装订成册

（2）专用发票的填开

在开具增值税专用发票时，应严格按照要求开具，具体的开具要求如图9-7所示。

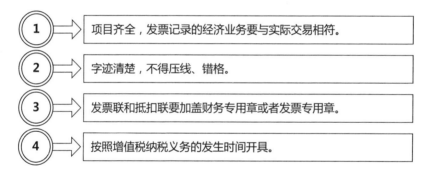

1　项目齐全，发票记录的经济业务要与实际交易相符。

2　字迹清楚，不得压线、错格。

3　发票联和抵扣联要加盖财务专用章或者发票专用章。

4　按照增值税纳税义务的发生时间开具。

图9-7 专用发票开具的要求

9.3.3 拿到的专用发票怎样认证

发票认证是指本企业购进用于生产或销售的原材料及商品时收到的增值税专用发票需要进行进项税抵扣的，需要进行认证。

认证期限是发票开出90天之内。增值税发票认证的项目一般包括发票代码号码、开票日期、双方税务登记号、密码区、金额和税额。如果这些票面信息不清晰，或打印超出规定的表格范围，都有可能导致认证不通过。认证不通过时有如图9-8所示的几种处理办法。

发票无法认证的处理办法

如果企业自身有扫描软件，则可先扫描发票，然后导出待认证文件到U盘中，再携带U盘去税务机关认证。如果企业还开通了网上认证，则可导出扫描软件中的加密待认证文件，然后通过网络，上传这些文件到税务机关的官网上进行认证。

如果企业自身没有扫描软件，则可利用电子报税系统先采集进项税额的相关数据，再导出待认证文件到U盘中，最后携带U盘到税务机关进行认证。

如果通过以上方法还是不能认证，如果开票日期是当月，立即将其退回给开票单位进行作废，再重新开一张给公司进行认证。

图9-8 发票无法认证应如何处理

9.4　应交税费的核算

缴纳税费是每一个纳税人应尽的义务。税费是国家财政收入的主要来源，各地区税法不同，但大的税收体系却是一样的。本节内容就出纳人员会接触的税种进行讲解。

9.4.1 出纳应认识的税种

税收指政府依照法律规定，对个人或组织无偿征收实物或货币的总称。税制即税收制度，由纳税人、课税对象、税目、税率、纳税环节、纳税期限、计税依据、减免税和违章处理等要素构成。税种指税的种类，差异表现为纳税人和课税对象的不同，税种有机地组合在一起构成"税制"。税的种类可按不同的标准分为不同的税种，如表9-7所示。

表9-7

分类标准	税种	说明
课税对象	流转税	是以流转额为课税对象的一类税，是我国税制结构中的主体税类，包括增值税、消费税和关税等
	所得税	亦称收益税，是以各种所得额为课税对象的一类税。它也是我国税制结构中的主体税类，包括企业所得税和个人所得税
	财产税	是以纳税人所拥有或支配的财产为课税对象的一类税。房产税、契税、车辆购置税和车船使用税都属于财产税
	行为税	是以纳税人的某些特定行为为课税对象的一类税。城市维护建设税、印花税都属于行为税
	资源税	指对在我国境内从事资源开发的单位和个人征收的一类税。资源税、土地增值税、耕地占用税和城镇土地使用税都属于资源税
计算依据	从量税	指以课税对象的数量（重量、面积或件数）为依据，按固定税额计征的一类税。从量税实行定额税率，优点是计算简便，包括资源税、车船使用税和土地使用税等
	从价税	指以课税对象的价格为依据，按一定比例计征的一类税。从价税实行比例税率和累进税率，税收负担比较合理，如我国现行的增值税、关税和所得税等
税收与价格的关系	价内税	指税款在应税商品价格内，作为商品价格的一个组成部分的一类税。如我国现行的消费税和关税等
	价外税	是指税款不在商品价格之内，不作为商品价格的一个组成部分的一类税，如增值税
税收负担能否转嫁	直接税	是指纳税人本身承担税负，不发生税负转嫁关系的一类税。如所得税和财产税等
	间接税	是指纳税人本身不是负税人，可将税负转嫁给他人的一类税。如流转税和资源税等
税率的表现形式	比例税	是指对同一课税对象不论数额多少，均按同一比例征税的税种

分类标准	税种	说明
税率的表现形式	累进税	是随着课税对象数额的增加而逐级提高税率的税种，包括全额累进税率、超额累进税率和超率累进税率
	定额税	是对每一单位的课税对象按固定税额征税的税种
课税对象是否具有依附性	主税	主税与其他税没有连带关系，有自己特定的征税对象。如增值税、消费税和各类所得税等。征收附加税或地方附加，要以主税为依据
	附加税	为主税的对称，指随主税按照一定比例征收的税。其纳税义务人与主税相同，但是税率另有规定。附加税以主税的存在和征收为前提和依据。如城市维护建设税就是附加在增值税和消费税上的附加税
税收的管理权限	中央税	是由中央政府征收和管理使用或由地方政府征收后全部划归中央政府所有并支配使用的一类税。如关税和消费税等。这类税一般收入较大，征收范围广泛
	地方税	是由地方政府征收和管理使用的一类税。如个人所得税、车船使用税等。这类税一般收入稳定，并与地方经济利益关系密切
	中央与地方共享税	指税收的管理权和使用权属中央政府和地方政府共同拥有的一类税。如我国现行的增值税和资源税等。这类税直接涉及到中央与地方的共同利益

9.4.2 纳税申报和缴纳有哪些内容

纳税申报是指纳税人按照税法规定的期限和内容向税务机关提交有关纳税事项书面报告的法律行为，是纳税人履行纳税义务、承担法律责任的主要依据，是税务机关税收管理信息的主要来源和税务管理的一项重要制度。

（1）税率调整

2019年3月5日，政府工作报告明确，深化增值税改革，将制造业等行业原有16%的税率降至13%，将交通运输业、建筑业等行业现行10%的税率降为9%，确保主要行业税负明显降低。增值税税率一共有4档：13%、

9%、6%和0%，如表9-8所示为各税目对应的税率。

表9-8

序号	税目	税率
1	销售或者进口货物（除9~12项外）	13%
2	加工、修理修配劳务	13%
3	有形动产租赁服务	13%
4	不动产租赁服务	9%
5	销售不动产	9%
6	建筑服务	9%
7	运输服务	9%
8	转让土地使用权	9%
9	饲料、化肥、农药、农机、农膜	9%
10	粮食等农产品、食用植物油、食用盐	9%
11	自来水、暖气、冷气、热水、煤气、石油液化气、天然气、二甲醚、沼气、居民用煤炭制品	9%
12	图书、报纸、杂志、音像制品、电子出版物	9%
13	邮政服务	9%
14	基础电信服务	9%
15	增值电信服务	6%
16	金融服务	6%
17	现代服务	6%
18	生活服务	6%
19	销售无形资产（除土地使用权外）	6%
20	出口货物	0%
21	跨境销售国务院规定范围内的服务、无形资产	0%

而征收率一般适用于小规模纳税人，一共有两档，3%和5%，一般是

3%，财政部和国家税务总局另有规定的除外。比如销售货物，加工、修理修配劳务，销售服务（除另有规定外）以及销售无形资产等适用3%的征收率，销售不动产适用5%的征收率。

（2）申报和缴纳流程

每个月的纳税申报是每个财务人员都需认真对待的事情，了解纳税申报流程是必须的。现在一般是网上申报，如表9-9所示为一般纳税人的申报流程和涉及的系统说明。

表9-9

操作流程	操作步骤	系统
1	金税盘（税控盘）数据上报	开票系统
2	个税申报	自然人税收管理系统扣缴客户端
3	流转税（企税）申报、财务报表发送	网上电子申报企业端
4	收取回执	网上电子申报企业端
5	金税盘（税控盘）清卡	开票系统
6	缴税	网上电子申报企业端
7	收取电子缴纳凭证	网上电子申报企业端

（3）税款的计算

在纳税申报的时候，根据账面数及开票情况填写申报表就可以报税。不同的税种税率不同，下面主要介绍小规模纳税人增值税的计算方法。

◆ 增值税的计算

小规模纳税人指年销售额在规定标准以下，并且会计核算不健全，不能按规定报送有关税务资料的增值税纳税人。所谓会计核算不健全是指不能正确核算增值税的销项税额、进项税额和应纳税额。小规模纳税人不得抵扣进项税额，其计算公式如下。

应纳税额=当期销售额×征收率

小规模纳税人销售货物或应税劳务考虑税费来定价的，可按如下的公式计算销售额，即将含税销售额换算为不含税销售额。

不含税销售额=含税销售额÷（1+征收率）

 增值税的计算

    C公司为增值税小规模纳税人，2019年第2季度提供应税服务自行开具增值税普通发票价税合计360 500元，计算2019年第2季度应交增值税。

    解析： 在本案例中，企业提供应税服务，适用征收率为3%，不含税收入=360 500÷（1+3%）=350 000（元）>300 000元，因此不可享受小微企业免税政策。

    该公司第2季度应纳增值税税额=350 000×3%=10 500（元）

◆ 附加税费的计算

大多数企业涉及的附加税有城市维护建设税、教育费附加和地方教育附加，核算以实际缴纳的增值税和消费税总额为计税依据，其计算公式如下。

应纳附加税=（实际缴纳增值税税额+实际缴纳消费税税额）×征收率

附加税费的计算

    C公司是一家小规模纳税人公司，2019年4月份的销售额为

112 000元，征收率为3%，4月份的增值税为3 360元，无消费税，计算4月份的附加税。C公司位于市区，城市维护建设税税率为7%，教育费附加税率为3%，地方教育附加税率为2%。

城市维护建设税=3 360×7%=235.2（元）

教育费附加=3 360×3%=100.8（元）

地方教育附加=3 360×2%=67.2（元）

4月份附加税费=235.2+100.8+67.2=403.2（元）

◆ 企业所得税的计算

企业所得税是对我国内资企业和经营单位的生产经营所得和其他所得征收的一种税。其计算公式如下。

应纳税所得额=营业收入−营业成本−税金及附加−期间费用+资产处置损益（−损失）−信用减值损失+其他收益+投资收益（−损失）+营业外收入−营业外支出+(−)纳税调整额

应纳企业所得税=应纳税所得额×所得税税率

实账处理 企业所得税的计算

D公司是一家小规模纳税人公司，2019年4～5月份销售额为330 500元，营业成本200 300元，税金及附加为1 500元，假设没有期间费用等，企业所得税税率为25%。

应纳税所得额=330 500−200 300−1 500=128 700（元）

应纳企业所得税=128 700×25%=32 175（元）

第10章

叶桧公司2019年
12月出纳实务

前面的章节都是有关出纳业务的详细介绍，也有相应的案例分析，而本章内容是系统的一套出纳账务处理，主要介绍叶桧服装公司2019年12月份的账务处理实务。

10.1 12月份发生的经济业务

企业每个月都会发生各种业务，需要出纳人员熟练掌握的是现金收付业务、银行收付款业务和票据业务。通过本章的梳理学习，出纳人员可以轻松驾驭出纳业务。

2019年12月份有关现金收付的业务如下。

1.2019年12月2日，记2号凭证，综合部李桦出差借备用金2 000元，以现金付讫。

借：其他应收款——备用金——李桦　　　2 000
　　贷：库存现金　　　　　　　　　　　　　　　2 000

2.2019年12月3日，记3号凭证，营业收入68 000元，以现金收讫。

主营业务收入=68 000÷（1+13%）≈60 176.99（元）
增值税销项税额=68 000-60 176.99=7 823.01（元）

借：库存现金　　　　　　　　　　　　68 000
　　贷：主营业务收入　　　　　　　　　　60 176.99
　　　　应交税费——应交增值税（销项税额）　7 823.01

3.2019年12月5日，记5号凭证，办公室购入办公用品一批，共花费200元，以现金付讫。

借：管理费用——办公费　　　　　　　200
　　贷：库存现金　　　　　　　　　　　　200

4.2019年12月5日，记6号凭证，出纳人员将80 000元现金存入银行。

借：银行存款　　　　　　　　　　　　80 000

　　　　贷：库存现金　　　　　　　　　　　 80 000

　　5.2019年12月5日，记7号凭证，李桦出差回来，共花销2 200元，用现金支付200元。

　　　借：管理费用——差旅费　　　　　　 2 200
　　　　贷：其他应收账款——备用金——李桦　 2 000
　　　　　　库存现金　　　　　　　　　　　 200

　　6.2019年12月5日，记8号凭证。报销招待费1 000元。

　　　借：管理费用——招待费　　　　　　 1 000
　　　　贷：库存现金　　　　　　　　　　 1 000

　　7.2019年12月7日，记10号凭证，付广告宣传费1 000元，现金付讫。

　　　借：销售费用——广告费　　　　　　 1 000
　　　　贷：库存现金　　　　　　　　　　 1 000

　　8.2019年12月7日，记11号凭证，驾驶员报销车辆维修费600元。

　　　借：管理费用——维修费　　　　　　 600
　　　　贷：库存现金　　　　　　　　　　 600

　　9.2019年12月8日，记13号凭证，采购部王赫报销零星材料采购费1 500元。

　　　借：原材料　　　　　　　　　　　 1 500
　　　　贷：库存现金　　　　　　　　　 1 500

　　10.2019年12月11日，记15号凭证，销售一批衣服，收到现金4 500元。

　　主营业务收入=4 500÷（1+13%）≈3 982.30（元）

　　增值税销项税额=4 500-3 982.30=517.70（元）

　　　借：库存现金　　　　　　　　　　 4 500
　　　　贷：主营业务收入　　　　　　　 3 982.30

　　　　应交税费——应交增值税（销项税额）　　　517.70

11.2019年12月13日，记16号凭证，报销财务部门继续教育费240元。

借：管理费用——继续教育费　　　　　　240

　　贷：库存现金　　　　　　　　　　　　240

12.2019年12月13日，记18号凭证，报销会务费2 000元。

借：管理费用——会务费　　　　　　　　2 000

　　贷：库存现金　　　　　　　　　　　　2 000

13.2019年12月15日，记19号凭证，出纳人员从开户行提取现金6 000元。

借：库存现金　　　　　　　　　　　　6 000

　　贷：银行存款　　　　　　　　　　　6 000

14.2019年12月20日，记21号凭证，收到营业款20 000元，现金收讫。

主营业务收入=20 000÷（1+13%）≈17 699.12（元）

增值税销项税额=20 000-17 699.12=2 300.88（元）

借：库存现金　　　　　　　　　　　　20 000

　　贷：主营业务收入　　　　　　　　　17 699.12

　　　　应交税费——应交增值税（销项税额）　2 300.88

15.2019年12月24日，记22号凭证，用现金付水电费1 600元。

借：管理费用——水电费　　　　　　　　1 600

　　贷：库存现金　　　　　　　　　　　　1 600

2019年12月叶桧公司涉及银行存款收付的业务如下。

1.2019年12月1日，记1号凭证，当日营业额为50 000元，税率为13%，存入银行。

主营业务收入=50 000÷（1+13%）≈44 247.79（元）

增值税销项税额=50 000-44 247.79=5 752.21（元）

借：银行存款　　　　　　　　　　　　　　　　50 000

　　贷：主营业务收入　　　　　　　　　　　　　　44 247.79

　　　　应交税费——应交增值税（销项税额）　　 5 752.21

2.2019年12月3日，记4号凭证，购进原材料一批，共计12 000元，增值税专用发票注明税款1 380.53元，银行付讫。

借：原材料　　　　　　　　　　　　　　　　10 619.47

　　应交税费——应交增值税（进项税额）　 1 380.53

　　贷：银行存款　　　　　　　　　　　　　　 12 000

3.2019年12月5日，记6号凭证，出纳人员将80 000元现金存入银行。

借：银行存款　　　　　　　　　　　　　　　80 000

　　贷：库存现金　　　　　　　　　　　　　　80 000

4.2019年12月6日，记9号凭证，付红纤电子厂的材料款10 000元，银行存款付讫。

借：应付账款——红纤电子厂　　　　　　　10 000

　　贷：银行存款　　　　　　　　　　　　　　10 000

5.2019年12月7日，记12号凭证，当日营业额为60 000元，税率13%，存入银行。

主营业务收入=60 000÷（1+13%）≈ 53 097.35（元）

增值税销项税额=60 000-53 097.35=6 902.65（元）

借：银行存款　　　　　　　　　　　　　　　60 000

　　贷：主营业务收入　　　　　　　　　　　　　53 097.35

　　　　应交税费——应交增值税（销项税额）　 6 902.65

6.2019年12月13日，记17号凭证，当日营业额为80 000元，税率为13%，存入银行。

主营业务收入=80 000÷（1+13%）≈ 70 796.46（元）

增值税销项税额=80 000-70 796.46=9 203.54（元）

借：银行存款　　　　　　　　　　　　　80 000

　　贷：主营业务收入　　　　　　　　　70 796.46

　　　　应交税费——应交增值税（销项税额）　9 203.54

7.2019年12月15日，记19号凭证，出纳人员从开户行提取现金6 000元。

借：库存现金　　　　　　　　　　　　　　6 000

　　贷：银行存款　　　　　　　　　　　　　6 000

8.2019年12月18日，记20号凭证，当日营业额为70 000元，税率为13%，存入银行。

主营业务收入=70 000÷（1+13%）≈61 946.90（元）

增值税销项税额=70 000-61 946.90=8 053.10（元）

借：银行存款　　　　　　　　　　　　　70 000

　　贷：主营业务收入　　　　　　　　　61 946.90

　　　　应交税费——应交增值税（销项税额）　8 053.10

9.2019年12月25日，记23号凭证，当日营业额为60 000元，税率为13%，存入银行。

主营业务收入=60 000÷（1+13%）≈53 097.35（元）

增值税销项税额=60 000-53 097.35=6 902.65（元）

借：银行存款　　　　　　　　　　　　　60 000

　　贷：主营业务收入　　　　　　　　　53 097.35

　　　　应交税费——应交增值税（销项税额）　6 902.65

10.2019年12月31日，记24号凭证，发放12月份工资，共142 500元。其中，管理部门工资为62 000元，销售部门工资为11 000元，生产部门工资为69 500元。公司将代扣代缴的社保14 535元扣除后的余额发放给员工。

借：管理费用——工资　　　　　　　　　62 000

销售费用——工资	11 000
生产成本——工资	69 500
贷：其他应收款	14 535
银行存款	127 965

11.2019年12月31日，记25号凭证，付2019年12月份社保费用，共54 435元（社保局核定，企业承担的五险的总扣缴比例为28%，个人五险的扣缴比例为10.2%）。

管理部门的社保=62 000×28%=17 360（元）

销售部门的社保=11 000×28%=3 080（元）

生产车间的社保=69 500×28%=19 460（元）

个人应缴社保=（62 000+11 000+69 500）×10.2%=14 535（元）

借：管理费用——社保	17 360
销售费用	3 080
生产成本	19 460
其他应收款	14 535
贷：银行存款	54 435

12.2019年12月31日，记26号凭证，收到第4季度利息850.10元。

借：银行存款	850.10
贷：财务费用——利息收入	850.10

13.2019年12月31日，记27号凭证。计提2019年12月份税金及附加（根据当地税务局规定，该企业城市维护建设税税率为7%，教育费附加的税率为3%，地方教育附加的税率为2%）。

12月份应交增值税合计=7 823.01+517.70+2 300.88+5 752.21

+6 902.65+9 203.54+8 053.10+6 902.65-1 380.53

-11 044.25=35 030.96（元）

12月份城市维护建设税=35 030.96×7%=2 452.17（元）

12月份教育费附加=35 030.96×3%=1 050.93（元）

12月份地方教育附加=35 030.96×2%=700.62（元）

借：税金及附加——城市维护建设税　　　2 452.17

　　　　　　　　——教育费附加　　　　　1 050.93

　　　　　　　　——地方教育附加　　　　700.62

　　贷：应交税费　　　　　　　　　　　　4 203.72

2019年12月份其他业务的会计分录如下。

2019年12月8日，记14号凭证，叶桧公司向辉布公司购进一批原材料，价税96 000元，暂未付款。

借：原材料　　　　　　　　　　　　　　　　85 955.75

　　应交税费——应交增值税（进项税额）　11 044.25

　　贷：应付账款　　　　　　　　　　　　　96 000

2019年12月份结转业务的会计分录如下。

1.结转2019年12月份原材料109 500元。

主营业务成本=1 500+10 619.47+84 955.75=97 075.22（元）

借：主营业务成本　　　　　　　　　　　97 075.22

　　贷：原材料　　　　　　　　　　　　　　97 075.22

2.结转2019年12月份收入。

主营业务收入=60 176.99+3 982.30+17 699.12+44 247.79+

53 079.35+70 796.46+61 946.90+53 097.35=365 044.26（元）

借：主营业务收入　　　　　　　　365 044.26

　　财务费用　　　　　　　　　　　850.1

　　贷：本年利润　　　　　　　　　365 894.36

3.结转2019年12月份成本、费用。

管理费用=200+2 200+1 000+600+240+2 000+1 600+62 000+17 360

=87 200（元）

销售费用=1 000+11 000+3 080=15 080

生产成本=69 500+19 460=88 960（元）

借：本年利润　　　　　　　　292 518.94

　　贷：管理费用　　　　　　　87 200

　　　　销售费用　　　　　　　15 080

　　　　生产成本　　　　　　　88 960

　　　　主营业务成本　　　　　97 075.22

　　　　税金及附加　　　　　　 4 203.72

4.结转2019年12月份本年利润。

净利润=365 894.36-292 518.94=73 375.42（元）

借：本年利润　　　　　　　　73 375.42

　　贷：利润分配　　　　　　　73 375.42

10.2　登记12月份的日记账

　　出纳人员登记的账簿并不多，主要是现金日记账和银行存款日记账。本章通过叶桧公司账簿的登记和科目汇总表的编制来说明出纳所涉及的工作内容。

　　1.根据叶桧公司2019年12月份的现金业务，财务人员登记了现金日记账。如图10-1所示。

现金日记账

月	日	种类	号数	对方科目	摘要	借方	贷方	余额	核对
12					承前页			23000.00	✓
12	2	记	002	其他应收款	付李桦借备用金		2000.00	21000.00	✓
12	3	记	003	主营业务收入	收营业收入	68000.00		89000.00	✓
12	5	记	005	管理费用	付办公用品款		200.00	88800.00	✓
12	5	记	006	银行存款	将现金存入银行		80000.00	8800.00	✓
12	5	记	007	管理费用	补付李桦出差借备用金		200.00	8600.00	✓
12	5	记	008	管理费用	报销招待费		1000.00	7600.00	✓
12	7	记	010	销售费用	付广告费		1000.00	6600.00	✓
12	7	记	011	管理费用	付驾驶员车辆维修费		600.00	6000.00	✓
12	8	记	013	原材料	付零星采购费		1500.00	4500.00	✓
12	11	记	015	主营业务收入	收营业收入	4500.00		9000.00	✓
12	13	记	016	管理费用	付财务部继续教育费		240.00	8760.00	✓
12	13	记	018	管理费用	报销会务费		2000.00	6760.00	✓
12	15	记	019	银行存款	提取现金	6000.00		12760.00	✓
12	20	记	021	主营业务收入	收营业收入	20000.00		32760.00	✓
12	24	记	022	管理费用	付水电费		1600.00	31160.00	✓
12					本月合计	98500.00	90340.00	31160.00	
12					本年累计	98500.00	90340.00	31160.00	
					过次页				

图10-1 现金日记账

2.根据2019年12月份的银行存款业务登记了如图10-2所示的银行存款日记账。

银 行 存 款 日 记 账

开户行 建设银行
账 号 62220210001××××

月	日	种类	号数	对方科目	摘要	借方	贷方	余额	核对
					承前页余额			250000.00	✓
12	1	记	1	主营业务收入	收到营业款	50000.00		300000.00	✓
12	3	记	4	原材料	付原材料款		12000.00	288000.00	✓
12	5	记	6	库存现金	将现金存入银行	80000.00		368000.00	✓
12	6	记	9	应付账款	付材料款		10000.00	358000.00	✓
12	7	记	12	主营业务收入	收到营业款	60000.00		418000.00	✓
12	13	记	17	主营业务收入	收到营业款	80000.00		498000.00	✓
12	15	记	19	库存现金	提取现金		6000.00	492000.00	✓
12	18	记	20	主营业务收入	收到营业款	70000.00		562000.00	✓
12	25	记	23	主营业务收入	收到营业款	60000.00		622000.00	✓
12	31	记	24	管理费用	发放12月份工资		140505.00	481495.00	✓
12	31	记	23	管理费用	付12月份社保		47595.00	433900.00	✓
12	31	记	26	银行存款	收到第4季度银行利息	850.10		434750.10	✓
12					本月合计	400850.10	216100.00	434750.10	✓
12					本年累计	400850.10	216100.00	434750.10	
					过次页				

图10-2 银行存款日记账

3.根据2019年12月份发生的业务编制的12月份科目汇总表如图10-3所示。

科目汇总表

2019年12月

借方发生额	科目	贷方发生额
400,850.10	银行存款	210,400.00
365,044.26	主营业务收入	365,044.26
12,424.78	应交税费	51,659.46
97,075.22	原材料	97,075.22
87,200.00	管理费用	87,200.00
97,075.22	主营业务成本	97,075.22
98,500.00	库存现金	90,340.00
16,535.00	其他应收款	16,535.00
10,000.00	应付账款	96,000.00
15,080.00	销售费用	15,080.00
88,960.00	生产成本	88,960.00
4,203.72	税金及附加	4,203.72
850.10	财务费用	850.10
365,894.36	本年利润	365,894.36
	利润分配	73,375.42
1,659,692.76	合计	1,659,692.76

图10-3 科目汇总表

4.账簿登记完成后，核对账与实物、账与账之间是否相符，并编制2019年12月份的现金清查盘点表和银行存款余额调节表。

2019年12月份的现金清查盘点表如图10-4所示。

现金清查盘点报告表

单位名称： 四川叶桧服装有限公司　　　2019年12月31日　　　单位：元

清点现金			核对账目		
货币面值	张数	金额	项目	金额	备注
100元	311	31 100.00	现金账面余额	31 160.00	
50元		–	加：收入凭证未记账		
20元		–	减：付出凭证未记账		
10元	6	60.00	调整后现金账面余额		
5元		–	实点现金		
2元		–	长款（+）		
1元		–	短款（–）		
5角		–			
2角		–			
1角		–			
实点合计		31 160.00		31 160.00	

财务主管：王玫　　　　　　　出纳员：张琳

图10-4 现金清查盘点表

2019年12月份银行余额调节表如图10-5所示。

银 行 存 款 余 额 调 节 表

编制单位：四川叶桧服装有限公司　　2019年12月份　　金额单位：元

银行账号：622202100001××××　　开户行：中国建设银行锦江支行　　币种：人民币

项　　目				金　额					金　额
企业银行存款账面余额				440 450.10	银行对账单余额				440 450.10
加：银行已收而企业未收的款项				0.00	加：企业已收而银行未收的款项				0.00
序号	记账日期	票据号码	摘　要		序号	记账日期	票据号码	摘　要	
减：银行已付而企业未付的款项				0.00	减：企业已付而银行未付的款项				0.00
序号	记账日期	票据号码	摘　要		序号	记账日期	票据号码	摘　要	
调节后的存款余额：				440 450.10	调节后的存款余额：				440 450.10

财务主管：王枚　　出纳：张林　　2019年12月31日

图10-5 银行余额调节表

10.3 12月份工资、社保发放和缴纳情况

实际账务中，工资是如何核算的？发放过程中如何扣缴社保费用？本节将对这些工作进行系统梳理。

2019年12月份管理部门工资总额为62 000元，销售部门工资总额为11 000元，生产部门工资总额为69 500元，叶桧公司核定的社保单位缴纳比例为工资的28%，个人缴纳部分为工资的10.2%。

管理部门个人缴纳社保=62 000×10.2%=6 324（元）

管理部门单位缴纳社保=62 000×28%=17 360（元）

管理部门实发工资=62 000-6 324=55 676（元）

销售部门个人缴纳社保=11 000×10.2%=1 122（元）

销售部门单位缴纳社保=11 000×28%=3 080（元）

销售部门实发工资=11 000-1 122=9 878（元）

生产部门个人缴纳社保=69 500×10.2%=7 089（元）

生产部门单位缴纳社保=69 500×28%=19 460（元）

生产部门实发工资=69 500-7 089=62 411（元）

所以，2019年12月份的工资和社保明细如图10-6所示。

2019年12月工资表

编制单位：四川叶桧服装有限公司　　　　　　　2020年1月1日　　　　　　　单位：元

序号	部门	工资	应扣社保	实发工资	备注
1	管理部门	62000	6324	55676	
2	销售部门	11000	1122	9878	
3	生产部门	69500	7089	62411	
4					
5					
6					
合计		142,500.00	14,535.00	127,965.00	

2019年12月社保明细表

编制单位：四川叶桧服装有限公司　　　　　　　2020年1月1日　　　　　　　单位：元

序号	部门	扣缴基数	单位应交社保	代缴个人社保	应交社保合计	备注
1	管理部门	62000	17360	6324	23684	
2	销售部门	11000	3080	1122	4202	
3	生产部门	69500	19460	7089	26549	
4						
5						
6						
合计		142,500.00	39,900.00	14,535.00	54,435.00	

图10-6 工资和社保明细

10.4　12月份的纳税申报

纳税申报是财务工作的最后一个环节，计算出应缴纳的税款后，填制相应的表格就可以报税了。

根据叶桧服装公司2019年12月份的科目汇总表，得知12月份的营业收入为365 044.26元。

12月份应交增值税=35 030.96（元）

12月份附加税=35 030.96×12%=4 203.72（元）

根据金额在税务局进行申报与缴纳，如图10-7所示是附加税申报表。

城建税、教育费附加、地方教育附加税（费）申报表

税款所属期限：2019年12月1日至2019年12月31

纳税人识别号：

纳税人信息	名称		四川叶桧服装有限公司				口单位			
	登记注册类型					所属行业				
	身份证件号码					联系方式				

税（费）种	计税（费）依据				税率（征收率）	本期应纳税（费）额	本期减免税（费）额		本期已缴税（费）额	本期应补（退）税（费）额
	增值税		消费税	合计			减免性质代码	减免额		
	一般增值税	免抵税额								
	1	2	3	4=1+2+3	5	6=4×5	7	8	9	10=6-8-9
城建税	35030.96			35030.96	7%	2452.17				
教育费附加	35030.96			35030.96	3%	1050.93				
地方教育附加	35030.96			35030.96	2%	700.62				
——										
合计	—				—	4203.72				

以下由纳税人填写：

纳税人声明	此纳税申报表是根据《中华人民共和国城市维护建设税暂行条例》、《国务院征收教育费附加的暂行规定》、《财政部关于统一地方教育附加政策有关问题的通知》和国家有关税收规定填报的，是真实的、可靠的、完整的。		
纳税人签章		代理人签章	代理人身份证号

以下由税务机关填写：

受理人		受理日期	年　月　日	受理税务机关签章

图10-7　附加税纳税申报表

如图10-8所示是一般纳税人增值税申报表。

增值税纳税申报表

(一般纳税人适用)

根据国家税收法律法规及增值税相关规定制定本表。纳税人不论有无销售额，均应按税务机关核定的纳税期限填写本表，并向当地税务机关申报。

税款所属时间：自 年 月 日至 年 月 日　　　　填表日期： 年 月 日　　　　　金额单位：元至角分

纳税人识别号																所属行业：	
纳税人名称				(公章)	法定代表人姓名			注册地址			生产经营地址						
开户银行及账号				登记注册类型							电话号码						

	项目	栏次	一般项目		即征即退项目	
			本月数	本年累计	本月数	本年累计
销售额	（一）按适用税率计税销售额	1	365044.26			
	其中：应税货物销售额	2				
	应税劳务销售额	3				
	纳税检查调整的销售额	4				
	（二）按简易办法计税销售额	5				
	其中：纳税检查调整的销售额	6				
	（三）免、抵、退办法出口销售额	7			——	——
	（四）免税销售额	8			——	——
	其中：免税货物销售额	9			——	——
	免税劳务销售额	10			——	——
税款计算	销项税额	11	47455.74			
	进项税额	12	12424.78			
	上期留抵税额	13			——	
	进项税额转出	14				
	免、抵、退应退税额	15			——	——
	按适用税率计算的纳税检查应补缴税额	16			——	——
	应抵扣税额合计	17=12+13-14-15+16	12424.78	——		——
	实际抵扣税额	18（如17<11，则为17，否则为11）	12424.78			
	应纳税额	19=11-18	35030.96			
	期末留抵税额	20=17-18			——	
	简易计税办法计算的应纳税额	21			——	——
	按简易计税办法计算的纳税检查应补缴税额	22			——	——
	应纳税额减征额	23				
	应纳税额合计	24=19+21-23	35030.96			
税款缴纳	期初未缴税额（多缴为负数）	25				
	实收出口开具专用缴款书退税额	26			——	——
	本期已缴税额	27=28+29+30+31				
	①分次预缴税额	28		——		——
	②出口开具专用缴款书预缴税额	29		——	——	——
	③本期缴纳上期应纳税额	30				
	④本期缴纳欠缴税额	31				
	期末未缴税额（多缴为负数）	32=24+25+26-27				
	其中：欠缴税额（≥0）	33=25+26-27				
	本期应补(退)税额	34=24-28-29				
	即征即退实际退税额	35	——	——		
	期初未缴查补税额	36			——	——
	本期入库查补税额	37			——	——
	期末未缴查补税额	38=16+22+36-37			——	——

授权声明	如果你已委托代理人申报，请填写下列资料： 为代理一切税务事宜，现授权 （地址） 为本纳税人的代理人，任何与本 申报表有关的往来文件，都可寄予此人。 授权人签字：	申报人声明	本纳税申报表是根据国家税收法律法规及相关规定填报的，我确定它是真实的、可靠的、完整的。 声明人签字：

主管税务机关：　　　　　　　　接收人：　　　　　　　　接收日期：

图10-8 增值税申报表

读 者 意 见 反 馈 表

亲爱的读者：

感谢您对中国铁道出版社有限公司的支持，您的建议是我们不断改进工作的信息来源，您的需求是我们不断开拓创新的基础。为了更好地服务读者，出版更多的精品图书，希望您能在百忙之中抽出时间填写这份意见反馈表发给我们。随书纸制表格请在填好后剪下寄到：北京市西城区右安门西街8号中国铁道出版社有限公司大众出版中心 王佩 收（邮编：100054）。或者采用传真（010-63549458）方式发送。此外，读者也可以直接通过电子邮件把意见反馈给我们，E-mail地址是：1958793918@qq.com。我们将选出意见中肯的热心读者，赠送本社的其他图书作为奖励。同时，我们将充分考虑您的意见和建议，并尽可能地给您满意的答复。谢谢！

- -

所购书名：＿＿＿＿＿＿＿＿＿＿＿＿＿＿＿＿＿＿＿＿＿＿＿

个人资料：

姓名：＿＿＿＿＿＿＿＿ 性别：＿＿＿＿＿ 年龄：＿＿＿＿＿ 文化程度：＿＿＿＿＿＿＿＿＿

职业：＿＿＿＿＿＿＿＿＿＿ 电话：＿＿＿＿＿＿＿ E-mail：＿＿＿＿＿＿＿＿＿＿＿

通信地址：＿＿＿＿＿＿＿＿＿＿＿＿＿＿＿＿＿＿ 邮编：＿＿＿＿＿＿＿＿＿＿

- -

您是如何得知本书的：

□书店宣传 □网络宣传 □展会促销 □出版社图书目录 □老师指定 □杂志、报纸等的介绍 □别人推荐
□其他（请指明）＿＿＿＿＿＿＿＿＿＿＿＿＿＿＿＿＿＿＿

您从何处得到本书的：

□书店 □邮购 □商场、超市等卖场 □图书销售的网站 □培训学校 □其他

影响您购买本书的因素（可多选）：

□内容实用 □价格合理 □装帧设计精美 □带多媒体教学光盘 □优惠促销 □书评广告 □出版社知名度
□作者名气 □工作、生活和学习的需要 □其他

您对本书封面设计的满意程度：

□很满意 □比较满意 □一般 □不满意 □改进建议

您对本书的总体满意程度：

从文字的角度 □很满意 □比较满意 □一般 □不满意
从技术的角度 □很满意 □比较满意 □一般 □不满意

您希望书中图的比例是多少：

□少量的图片辅以大量的文字 □图文比例相当 □大量的图片辅以少量的文字

您希望本书的定价是多少：

本书最令您满意的是：

1.

2.

您在使用本书时遇到哪些困难：

1.

2.

您希望本书在哪些方面进行改进：

1.

2.

您需要购买哪些方面的图书？对我社现有图书有什么好的建议？

您更喜欢阅读哪些类型和层次的书籍（可多选）？

□入门类 □精通类 □综合类 □问答类 □图解类 □查询手册类

您在学习计算机的过程中有什么困难？

您的其他要求：